Técnicas logísticas

para innovar, planificar y gestionar

Luis Carlos Hernández Barrueco

Colección: Biblioteca de logística
Director: David Soler

**AURUM 1. Técnicas logísticas
para innovar, planificar y gestionar**
1.ª edición, 2016

© 2016, Luis Carlos Hernández Barrueco
© de esta edición, incluido el diseño
de la cubierta, ICG Marge, SL

Edita: Marge Books
Avda. Alcalde Moix, 28 - 08207 Sabadell
(Barcelona)
Tel. 931 429 486 - marge@margebooks.com
www.margebooks.com

Gestión editorial: Hèctor Soler
Edición: Cristina Torres Murillo, Alba Megías
Villanueva, Jorge Baro Olivero
Compaginación: Mercedes Lara
Infografía: Martí Garcés
Impresión: Book Print Digital, SA
(L'Hospitalet de Llobregat, Barcelona)

ISBN: 978-84-16171-12-5
Depósito Legal: B 9451-2016

Procedencia de las ilustraciones:
Archivo y fotografías del autor y:

Alfaland, 79a
Arasur, 65
Archivo Marge Books, 107a
Asnalog, 56a
Asti, 58b
Autoritat Portuària de Tarragona, 96
Bon Area, 60c
Campus of excellence, 67a
Caprabo, 74a
China Link, 120
Cimalsa, 76
Comisión Europea, 116a
David Wright, 33a
Derick Leony, 62a
Desi Shipping, 120
DIA, 60b, 77b
Duro Felguera, 56b
EBHI, 115
Francisco Fernández Sasiaín, 106b, 107a, 108b
IAEA Imagebank, 103b
Innovation Lab, 93a
Intermec, 36
JSV, 103a
Kevin Dooley, 50a
Leche Pascual, 65b
Mercedes, 58a
Miguelez, 74b
MRW, 79
Norbert Dentressangle, 93b
Port Containers, 106a
Puerto Seco de Burgos, 18
Quinn Dombrowski, 50b
Renault, 100a
Searates, 119, 120
Seat, 42, 72
Skycargo, 119
Shipphotos.es, 116b
Teague Labs, 60a
The Container Traders, 104a
Turkish cargo, 120
Universal Global Logistics, 120
Van Waasdijk, 60d

Reservados todos los derechos. Ninguna parte de esta edición, incluido el diseño de la cubierta, puede ser reproducida, almacenada, transmitida, distribuida, utilizada, comunicada públicamente o transformada mediante ningún medio o sistema, bien sea eléctrico, químico, mecánico, óptico, de grabación o electrográfico, sin la previa autorización escrita del editor, salvo excepción prevista por la ley. Diríjase a Cedro (Centro Español de Derechos Reprográficos, www.conlicencia.com) si necesita fotocopiar, escanear o hacer copias digitales de algún fragmento de esta obra.

El papel empleado en este libro no ha sido blanqueado con cloro elemental (Cl_2).

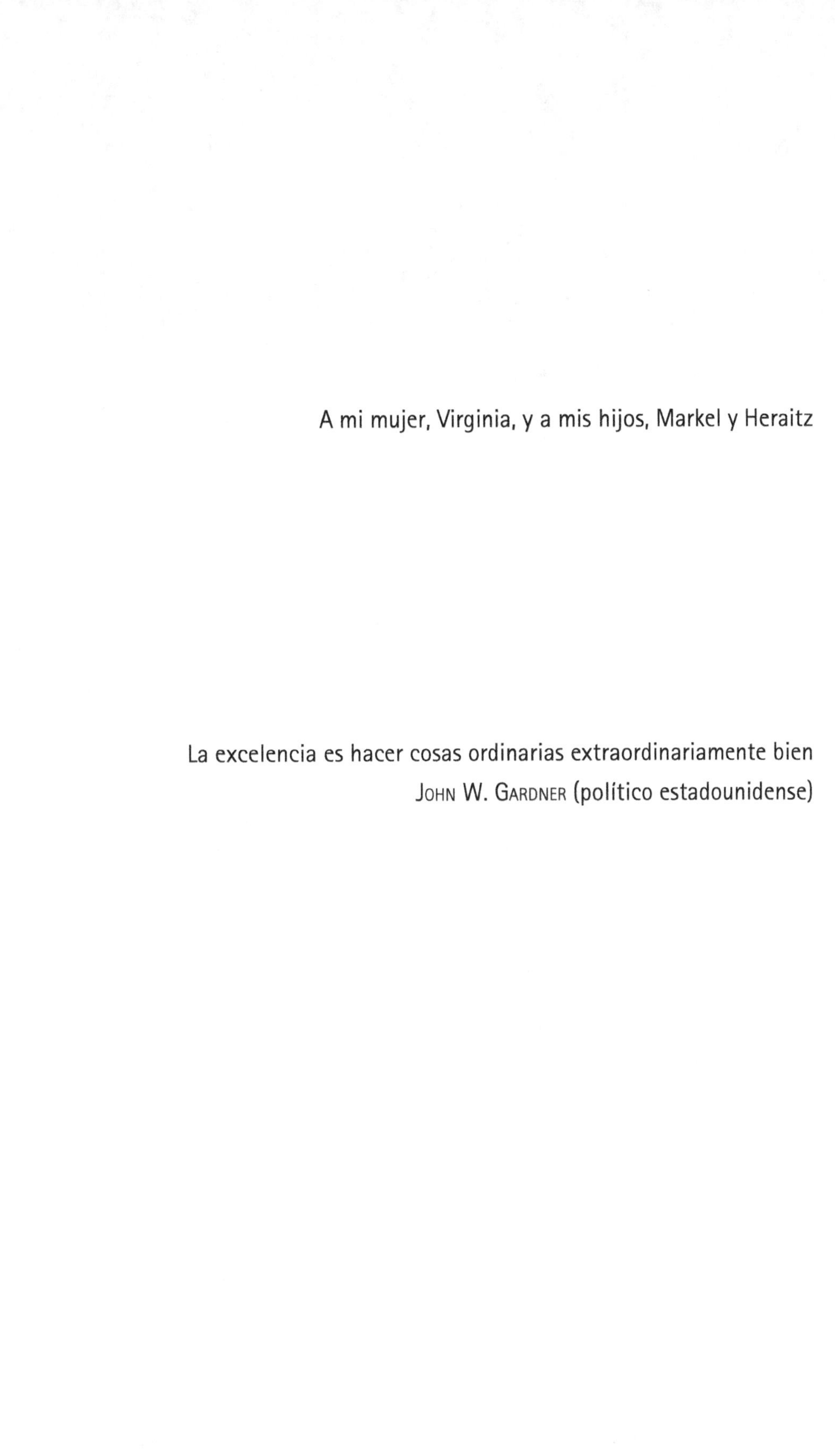

A mi mujer, Virginia, y a mis hijos, Markel y Heraitz

La excelencia es hacer cosas ordinarias extraordinariamente bien
John W. Gardner (político estadounidense)

Índice

El autor 9

Introducción 11

A Gestión financiera en logística. 17

¿Por qué la gestión financiera en logística?. 18

A1 ¿Cómo calcular el presupuesto de un área o departamento? 19

A2 ¿Cómo hacer un cuadro de mando integral? 20

A3 ¿Qué indicadores clave de rendimiento hay que usar en logística?. 21

A4 ¿Cómo presentar los KPI? 22

A5 ¿Cómo realizar el control del gasto en logística? 23

A6 ¿Qué son los ahorros estandarizados y cómo se controlan?. 24

A7 ¿Cómo tipificar los servicios logísticos en el ERP para extraer
datos analizables? 25

A8 ¿Cómo crear categorías de artículos para la gestión administrativa
del transporte? 26

A9 ¿Qué es el ebitda y cómo contribuir a su mejora?. 27

A10 ¿Cuáles son los gastos habituales de un vehículo y cómo se gestionan? . . . 28

A11 ¿Cómo determinar si es mejor emplear
un vehículo propio o uno subcontratado? 29

A12 ¿Cómo calcular el costo total logístico? 30

A13 ¿Cómo calcular el costo de preparación de un pedido? 31

A14 ¿Qué es el precio medio ponderado y cómo le afectan las estrategias
de almacenamiento? 32

A15 ¿Qué es la autofacturación a transportistas y cómo se realiza? 33

A16 ¿Cómo calcular si es más rentable un vehículo de almacén
propio, alquilado o de *leasing?* 34

A17 ¿Cuánto margen añadir al transporte y cómo reflejarlo
en la factura de venta?. 35

A18 ¿Cómo calcular los costos logísticos para completar las tarifas
de producto o servicio?. 36

A19 ¿Qué es una carta de crédito y cómo se gestiona? 37

A20 ¿Qué sistemas de pago ofrecer a una empresa transportista? 38

A21 ¿Qué formatos de emisión de reportes se pueden emplear en logística? . . . 39

AURUM

B Innovación y gestión de proyectos 41

Innovar en logística 42

B1 ¿Qué campos de la innovación logística se pueden convertir
en ventajas diferenciales? 43

B2 ¿Cómo se organiza la innovación de productos en logística? 44

B3 ¿Qué es un cronograma y cómo se usa en un proyecto? 45

B4 ¿Cómo presentar un plan de inversión para que la propuesta
de innovación sea aprobada? 46

B5 ¿Qué son los objetivos *smart* y cómo aplicarlos en logística? 47

B6 ¿Qué técnicas de creatividad se pueden emplear para innovar? 48

B7 ¿Qué es un taller de trabajo intensivo y cómo se organiza? 49

B8 ¿Qué es una tormenta de ideas y cómo se realiza? 50

B9 ¿Qué herramientas 2.0 se pueden usar en una empresa? 51

B10 ¿Qué es el internet de las cosas y cómo aplicarlo en logística? 52

B11 ¿Qué son las gafas inteligentes y cómo aplicarlas en logística? 53

B12 ¿Qué es la realidad virtual y cómo aplicarla en logística? 54

B13 ¿Qué es la realidad aumentada y cómo aplicarla en logística? 55

B14 ¿Qué son los sistemas de autocarga y descarga de vehículos?
¿Cuándo aplicarlos? 56

B15 ¿Qué son las etiquetas inteligentes RFID? ¿Cómo aplicarlas en el almacén? . . 57

B16 ¿Qué son los vehículos sin conductor y cuándo utilizarlos? 58

B17 ¿Qué aplicaciones informáticas usar en logística? 59

B18 ¿Cómo abordar la realización de un proyecto? 60

B19 ¿Cómo realizar el diseño de un proyecto logístico? 61

B20 ¿Cómo planificar un proyecto logístico? 62

B21 ¿Cómo implementar un proyecto logístico? 63

B22 ¿Cómo se ejecutan los procesos de control en un proyecto logístico? 64

B23 ¿Qué procesos intervienen en el cierre de proyectos logísticos? 65

C Planificación industrial y gestión de existencias 67

La planificación industrial 68

C1 ¿Qué actividades se deben gestionar en la planificación industrial? 69

C2 ¿Qué es el control y la gestión de existencias? 70

C3 ¿Cómo se calcula el consumo anual? 71

C4 ¿Cómo se calcula el costo anual de adquisición? 72

C5 ¿Cómo se calcula el costo anual de lanzamiento? 73

C6 ¿Cómo se calcula el costo anual de posesión? 74

C7 ¿Cómo se calcula el *stock* medio? 75

C8 ¿Cómo se calcula el lote económico? 76

C9 ¿Cómo se calcula el número de pedidos anual? 77

C10 ¿Cómo se calcula el punto de pedido? 78

C11 ¿Cómo se calcula la cobertura de los *stocks?* 79

C12 ¿Cómo se calcula el *stock* de seguridad sobre el nivel
de servicio deseado? 80

C13 ¿Cómo se calcula el *stock* de seguridad según el plazo
de aprovisionamiento? 81

C14 ¿Cómo se calculan otros tipos de *stock* relevantes? 82

C15 ¿Cómo se calcula el índice de rotación? 83

C16 ¿Cómo se calcula la capacidad de producción? 84

C17 ¿Cómo se calcula el nivel de servicio? 85

C18 ¿Qué es y cómo se calcula el sistema ABC? 86

C19 ¿Cómo se aplica el sistema ABC en el diseño de almacenes? 87

C20 ¿Qué es la lista de materiales y cómo se utiliza? 88

C21 ¿Qué es el plan maestro de producción y cómo se realiza? 89

C22 ¿Qué son las órdenes de aprovisionamiento? 90

C23 ¿Qué es el MRP I y cómo se realiza? 91

C24 ¿Qué es la planificación agregada de la producción y cómo se aplica? 92

C25 ¿Qué es el MRP II y cómo se aplica? 93

D Cálculo con vehículos y unidades de transporte intermodal (UTI) 95

Los vehículos y las UTI 96

D1 ¿Cómo calcular la carga útil y la MMA en los vehículos
de transporte combinado? 97

D2 ¿Cómo calcular la carga útil y la MMA en los vehículos
de transporte por carretera? 98

D3 ¿Cuántos metros cúbicos útiles tiene un camión? 99

D4 ¿Cuántos metros cúbicos útiles tiene una furgoneta? 100

D5 ¿Qué palés son los más utilizados y cuántos caben en cada tipo de camión? . 101

D6 Medidas externas de los contenedores ISO/EURO 102

D7 Características de los contenedores cerrados *(dry box)* 103

D8 Características de los contenedores sin techo *(open top)* 104

D9 Características de los contenedores frigoríficos *(reefer)* 105

D10 Características de los contenedores de plataforma *(flat rack)* 106

D11 Características de los contenedores de costado abierto *(open side)* 107

D12 Características de las plataformas de transporte 108

D13 ¿Qué es el código de identificación que aparece en la puerta
de los contenedores? 109

D14 ¿Cómo descifrar el código de identificación de los contenedores? 110

D15 ¿En qué orden se deben transmitir las medidas para el envío de un bulto? . 111

D16 ¿Qué es el peso volumétrico y cómo se calcula? 112

D17 ¿Cómo elegir el canal de transporte por carretera adecuado para un envío? . 113

D18 ¿Qué servicio ofrece cada tipo de buque portacontenedor? 114

D19 ¿Qué fórmulas de contratación se negocian para la carga en buques graneleros? . 115

D20 ¿Qué son las autopistas del mar y cómo se utilizan? 116

D21 ¿Qué son las autopistas ferroviarias y cómo se utilizan? 117

AURUM

D22 ¿Qué tipos de vagones ferroviarios hay y cómo elegir el adecuado? 118

D23 ¿Qué son las ULD tipo contenedor y cuáles son sus medidas? 119

D24 ¿Qué son las ULD tipo palé y cuáles son sus medidas? 120

Anexos 121

Anexo a1. Ejemplo de presupuesto 122

Anexo a2. Ejemplo de KPI individual. 123

Anexo a3. Ejemplo de tabla de desempeño informática 124

Anexo a4. Ejemplo de cuenta de resultados. 125

Anexo a5. Ejemplo de informe o consulta en hoja de cálculo. 126

Anexo a6. Ejemplo de reporte infográfico 127

Anexo b1. Ejemplo de lista de atributos. 128

Anexo c1. Ejemplo de BOM multinivel. 129

Anexo c2. Ejemplo de orden de aprovisionamiento 130

AURUM

El autor

Luis Carlos Hernández Barrueco (Vitoria, 1972) es licenciado en Ciencias Políticas por la Universidad del País Vasco. Cursó el Máster en Dirección Logística Integral (CSG), estudios de Comisario de Averías (Colegio Oficial de la Marina Mercante) y posee otros títulos relacionados con la Dirección Logística integral, Calidad, PRL y *Management.*

Tras veinte años de desempeño en el sector logístico, tiene experiencia en todos sus ámbitos, donde ha ocupado puestos de responsabilidad en empresas multinacionales, como jefe de planta en Steco–Allibert, adjunto al director de Operaciones en Norbert Dentressangle, director de Logística y Control de la Producción en Faurecia y responsable de Logística en Levantina y Asociados de Minerales.

El autor también ejerce como profesor de Logística y ha diseñado los campus virtuales *(e-learning)* de diversas escuelas de negocios. Es una figura relevante en la educación 3.0, con el empleo de tecnologías como la realidad aumentada o simuladores, campo donde realizó el primer curso de aprendizaje en línea con Google Glass y Epson Moverio BT200.

Introducción

La logística es un área profesional que engloba el transporte, el almacenaje, la distribución de productos, la planificación industrial y, en ocasiones, incluso las compras y el aprovisionamiento. Sin embargo, es una disciplina difícil de aprender porque apenas existe formación reglada sobre estas áreas (estudios universitarios, ciclos de formación profesional o de capacitación, por ejemplo), de modo que se transmite principalmente a través de seminarios, programas o másteres no estandarizados. Por lo general, esto supone una formación diferente en cada caso y sin un criterio común sobre el contenido necesario que hay que saber para desempeñar una determinada actividad.

Por otro lado, aunque en el aprendizaje de la logística tiene una gran relevancia la práctica, la mayor parte de la formación impartida es teórica, a través de clases magistrales, con lo que no se consigue ofrecer una visión global sobre ella.

Con la motivación de crear una metodología de aprendizaje innovadora en el ámbito logístico, basada en la **microformación,** se ha desarrollado el método AURUM. Esta es una **metodología didáctica,** organizada para dar cohesión a los diferentes y disgregados conocimientos que se precisan para llevar a cabo las distintas funciones logísticas, y así facilitar su aprendizaje mediante una sistemática progresiva. El soporte utilizado es, preferentemente, el aprendizaje visual y físico en el que se emplean, además, las tecnologías de la información y la comunicación.

Metodología AURUM

Los conocimientos sobre logística se pueden aprender y aplicar a través de **las técnicas, las tácticas y las estrategias.** Para el estudio y el perfeccionamiento de un conocimiento es necesario potenciar las técnicas relacionadas con la visión y la práctica. Para ello, hay que apoyarse en una formación que transmita un aprendizaje de estas técnicas y que dé paso a su aplicación conjunta mediante las tácticas apropiadas. Lo que se pretende es adquirir la destreza para su aplicación y llegar a un nuevo nivel: el del pensamiento estratégico, que abre las puertas a la innovación, a la redefinición de procesos y a la mejora de todos los conocimientos adquiridos.

La metodología AURUM se desarrolla en tres fases de aprendizaje y este libro forma parte de la primera fase, la de las técnicas. La segunda fase está destinada a las tácticas, que combinan diferentes técnicas, y la tercera está destinada a las estrategias, donde se aplican los conocimientos adquiridos en una orientación determinada.

A su vez, cada fase se expone a través de áreas de conocimiento agrupadas en torno a tres ejes temáticos:

- Innovación, planificación y gestión en logística.
- Operativas de transporte y almacén.
- Ejecución y medición del servicio.

Esta edición, presentada en forma de **fichas de microformación,** está dedicada al primer eje temático, donde se reúne un compendio de técnicas y fórmulas relacionadas con las siguientes áreas:

- Gestión financiera en logística.
- Innovación y gestión de proyectos.
- Planificación industrial y gestión de existencias.
- Cálculo con vehículos y unidades de transporte intermodal (UTI).

AURUM se plantea como una guía didáctica 3.0 con el apoyo de enlaces (códigos QR) con los que ampliar el conocimiento. En definitiva, AURUM es una metodología desarrollada para proporcionar las destrezas que se precisan para realizar el trabajo diario en logística.

Al final de esta introducción, se ofrece un ejercicio práctico con la finalidad de comprobar si las acciones que en él se describen, que son actividades logísticas, pertenecen al ámbito de las técnicas, las tácticas o las estrategias.

Técnicas	Tácticas	Estrategias
Son maneras de realizar una acción o un proceso. Las más eficientes o eficaces pasan a ser *las mejores prácticas.*	Son métodos de abordar un objetivo y que conllevan la aplicación de una o diversas técnicas.	Son planteamientos que marcan la orientación general de aplicación de las tácticas y técnicas hacia un enfoque determinado.

Áreas de conocimiento logístico

Las tres fases de aprendizaje de la metodología AURUM representan el conocimiento que es posible aplicar en los procesos logísticos. En estas tres fases se conectan e interactúan las áreas del trabajo diario, reunidas en torno a doce áreas de conocimiento, para facilitar su estudio conjunto.

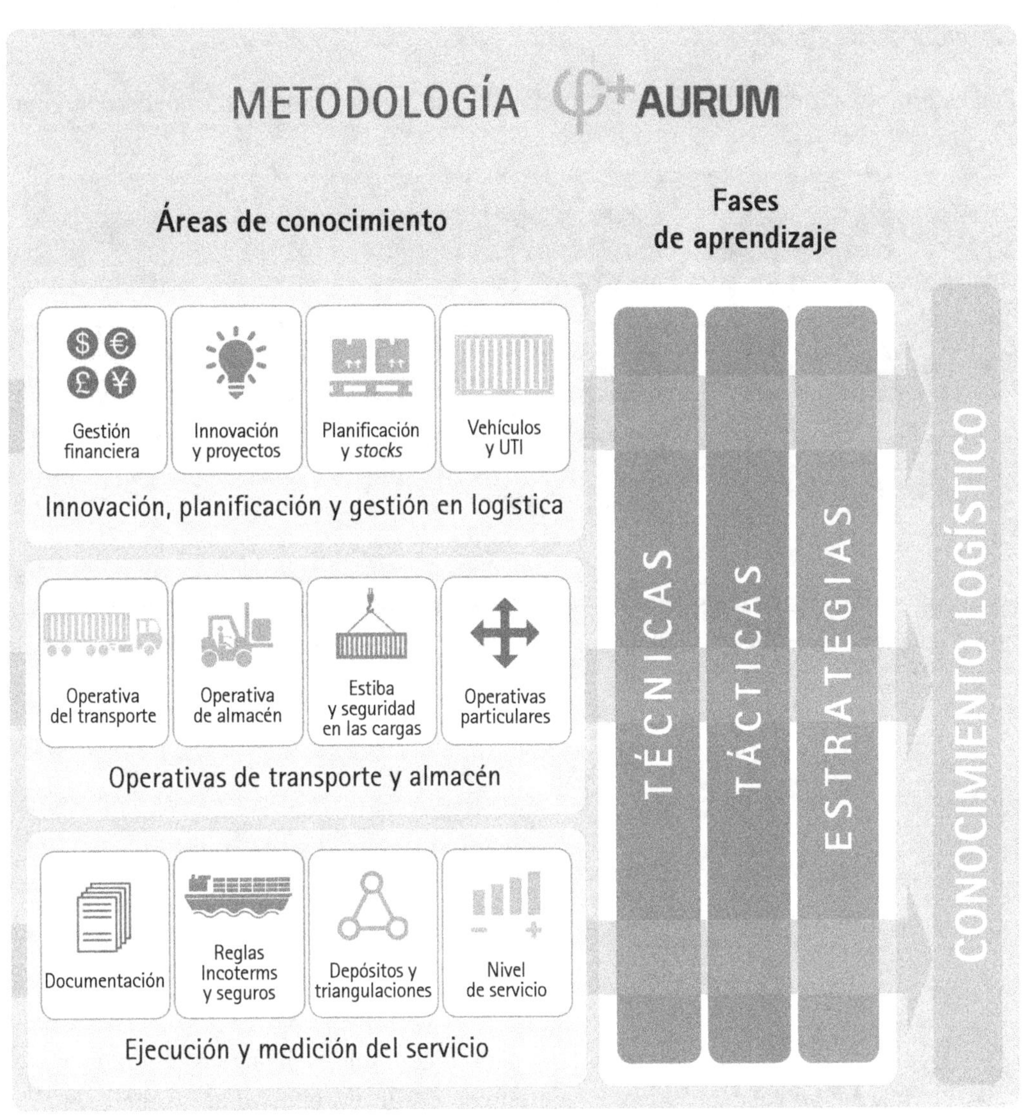

Fichas de microformación

La estructura de este libro responde a la metodología de aprendizaje AURUM. Se basa en la microformación, un sistema didáctico que permite que los contenidos se presenten en fichas independientes donde en cada una se aborda y resuelve un tema específico.

El contenido de cada ficha se presenta a su vez formando apartados que tratan la definición de cada tema, y ofrecen diferentes enfoques que facilitan la comprensión de procesos o aplicaciones y la asimilación de soluciones prácticas, ejemplos o fórmulas, entre otros aspectos clave.

Por este motivo, dependiendo de los temas que se tratan, cada ficha puede contener:

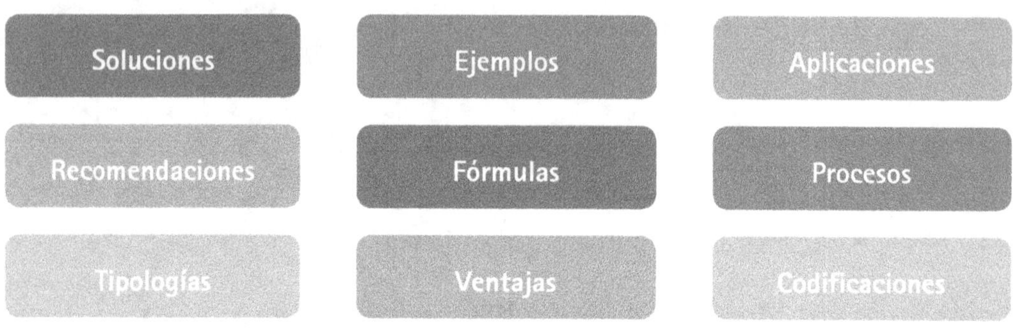

Asimismo, numerosas fichas se complementan con informaciones que permiten ampliar conocimientos específicos y enlaces a contenidos presentados en formato audiovisual:

 Información adicional de interés.

 Códigos QR con enlaces a internet.

 Las fichas de microformación presentan contenidos didácticos con un elevado nivel cualitativo. La metodología AURUM prioriza los aspectos significativos de la información y permite comprender con facilidad temáticas complejas.

Recomendaciones para la formación

Para impartir o recibir formación en cualquier área de conocimiento en logística bajo la metodología AURUM es conveniente tener en cuenta las siguientes recomendaciones didácticas:

Ítem	Metodología Aurum
Metodología didáctica	Actividades participativas
Desarrollo de la formación	El formador puede exponer las técnicas, los objetivos que se deben aprender y mostrar cómo se hace. Los alumnos deben ejecutar el proceso hasta que se alcanza el objetivo con destreza
Canales de comunicación preferente	La comunicación verbal y visual
Materiales empleados	Preferentemente objetos relacionados con las actividades que se han de desarrollar, como maquetas, realidad aumentada, realidad virtual, simuladores, tabletas, teléfonos inteligentes, ordenadores, diapositivas, vídeos, tablas, papel y gafas inteligentes
Lugar de la formación	Espacio donde se desarrollan las técnicas, tácticas o estrategias objeto de la formación. Para facilitar que los alumnos interactúen, el aula se puede disponer formando un círculo, con un objeto en el centro como, por ejemplo, una maqueta
Formato del curso	Microformación. Aprender una a una las técnicas, las tácticas o las estrategias concretas. Se pueden explicar previamente los objetos o componentes y las definiciones necesarias
Prácticas y proyectos de fin de curso	Las prácticas se pueden hacer durante la formación, sobre maquetas u otros elementos o bien sobre el terreno. Para asentar los conocimientos, se pueden realizar trabajos con objetivos reales que hay que alcanzar bajo las premisas y la supervisión del formador
Tiempo	Se pueden hacer formaciones planificadas, pero se debería centrar en torno a la formación inmediata, gracias al acceso a microcursos en línea sobre temas específicos. Algunos elementos pueden reducir el tiempo de formación necesario, como las gafas inteligentes con instrucciones que hay que visualizar durante la ejecución, por ejemplo
Medios para favorecer la retención de los contenidos	Las fichas rápidas de consulta, las técnicas nemotécnicas visuales, la práctica física, los simuladores, los microcursos o los vídeos de disposición inmediata
Valores de la formación	Sencilla, fácil, práctica y orientada hacia objetivos concretos

Indique si estos hechos son técnicas, tácticas o estrategias con una X:
(Verifique sus respuestas en la parte inferior de la tabla.)

Acciones	A. Técnicas	B. Tácticas	C. Estrategias
1 Calcular la capacidad en metros cúbicos de un contenedor			
2 Planificar la actividad de un almacén mediante ventanas horarias y turnos de ocho horas			
3 Fijar un *stock* de seguridad			
4 Orientar una empresa de transporte hacia el mercado del grupaje en Centroeuropa			
5 Realizar planes de mantenimiento preventivo para disminuir los daños por averías			
6 Cumplimentar adecuadamente una carta de porte CMR			
7 Rediseñar el sistema de distribución de una compañía basándolo en el uso de comisionistas			

Respuestas: 1-A / 2-B / 3-A / 4-C / 5-B / 6-A / 7-C

A

Gestión financiera en logística

¿Por qué la gestión financiera en logística?

La logística se encuadra en el ámbito de las operaciones, orientadas al movimiento y el control de los flujos de materiales y mercancías.

Se podría pensar que una gestión logística eficiente consiste básicamente en dominar las técnicas, las tácticas y las estrategias relacionadas con esta disciplina. Sin embargo, la logística también posee un peso significativo en la estrategia financiera de las empresas.

Por esta razón, las áreas de dirección se interesan especialmente por el impacto financiero de las acciones logísticas y no tanto por cómo se van a ejecutar estas, y recaban a los responsables de su gestión que sus reportes tengan un enfoque más financiero que operativo.

En este capítulo se presentan un conjunto de herramientas básicas que permiten dar una respuesta adecuada a requerimientos sobre cómo elaborar planes de inversión y presupuestos, calcular costos, prever resultados económicos o determinar indicadores clave de rendimiento, entre otros.

La gestión financiera en la dirección de empresas logísticas

Un apartado que requiere especial atención es el de la gestión financiera en la dirección de las empresas logísticas. En este caso, el equipo de dirección no solo ha de dominar en profundidad la gestión operativa, sino que también debe tener un gran conocimiento sobre cuanto concierne a las técnicas financieras y otros recursos para la gestión como, por ejemplo, el diseño del cuadro de mando integral, la emisión de reportes o la gestión de medios de pago internacionales.

¿Cómo calcular el presupuesto de un área o departamento?

El **presupuesto** *(budget)* es un cuadro financiero que se utiliza para proyectar la **cuenta de resultados** que se desea tener para el siguiente año.

Solución

Si la operativa no cambia, se ha de considerar la cuenta de resultados interanual actual y proyectarle un porcentaje de variación.

Cuenta	Resultado interanual	Variación %	Previsión
Transporte compras	2,50 M	3	2,57 M
Transporte ventas	1,20 M	3	1,78 M
Transporte industrial	0,12 M	3	0,18 M

Si la operativa cambia, se deduce una previsión u objetivo de ventas y cada departamento ha de calcular qué costos conlleva realizar ese presupuesto de ventas.

Artículo	Unid. Prev.	Costo ud.	Prev.
FOB Valencia – Elda	890	625	556.250
Cajas madera 60 × 120 cm	14	525	7.350
Traslados entre naves	2120	20	4.200

Por lo general, el presupuesto anual suele elaborarse en octubre y sirve como guión con el que trabajar el próximo año, fijando el objetivo de ventas que se debe conseguir y los costos deseables para lograrlas.

Ejemplo

Indicadores de gestión — Presupuesto 2025

	Enero	Febrero	Marzo	Abril	Mayo	Junio	Julio	Agosto	Sept.	Oct.	Nov.	Dic.	Total
Ventas de transporte	2,7	2,7	2,7	2,7	2,7	2,7	2,7	2,7	2,7	2,7	2,7	2,7	31,9
Iberia	0,9	0,9	0,9	0,9	0,9	0,9	0,9	0,9	0,9	0,9	0,9	0,9	10,8
América	0,6	0,6	0,6	0,6	0,6	0,6	0,6	0,6	0,6	0,6	0,6	0,6	6,7
Europa	0,2	0,2	0,2	0,2	0,2	0,2	0,2	0,2	0,2	0,2	0,2	0,2	2,4
África y Oriente Medio	0,3	0,3	0,3	0,3	0,3	0,3	0,3	0,3	0,3	0,3	0,3	0,3	3,6
Asia Pacífico	0,6	0,6	0,6	0,6	0,6	0,6	0,6	0,6	0,6	0,6	0,6	0,6	7,2
Otras ventas	0,1	0,1	0,1	0,1	0,1	0,1	0,1	0,1	0,1	0,1	0,1	0,1	1,2
													0,0
Consumos. Gastos de transporte	(2,0)	(2,0)	(2,0)	(2,0)	(2,0)	(2,0)	(2,0)	(2,0)	(2,0)	(2,0)	(2,0)	(2,0)	(23,6)
Iberia	(0,8)	(0,8)	(0,8)	(0,8)	(0,8)	(0,8)	(0,8)	(0,8)	(0,8)	(0,8)	(0,8)	(0,8)	(9,0)
América	(0,5)	(0,5)	(0,5)	(0,5)	(0,5)	(0,5)	(0,5)	(0,5)	(0,5)	(0,5)	(0,5)	(0,5)	(6,0)
Europa	(0,2)	(0,2)	(0,2)	(0,2)	(0,2)	(0,2)	(0,2)	(0,2)	(0,2)	(0,2)	(0,2)	(0,2)	(1,9)
África y Oriente Medio	(0,3)	(0,3)	(0,3)	(0,3)	(0,3)	(0,3)	(0,3)	(0,3)	(0,3)	(0,3)	(0,3)	(0,3)	(3,0)
Otros gastos de transporte	(0,3)	(0,3)	(0,3)	(0,3)	(0,3)	(0,3)	(0,3)	(0,3)	(0,3)	(0,3)	(0,3)	(0,3)	(3,0)
Suministros	(0,0)	(0,0)	(0,0)	(0,0)	(0,0)	(0,0)	(0,0)	(0,0)	(0,0)	(0,0)	(0,0)	(0,0)	(0,1)
Subcontratación	(0,0)	(0,0)	(0,0)	(0,0)	(0,0)	(0,0)	(0,0)	(0,0)	(0,0)	(0,0)	(0,0)	(0,0)	(0,1)
Margen bruto	0,7	0,7	0,7	0,7	0,7	0,7	0,7	0,7	0,7	0,7	0,7	0,7	8,3
Personal	(0,0)	(0,0)	(0,0)	(0,0)	(0,0)	(0,0)	(0,0)	(0,0)	(0,0)	(0,0)	(0,0)	(0,0)	(0,3)
Otros gastos de explotación	(0,0)	(0,0)	(0,0)	(0,0)	(0,0)	(0,0)	(0,0)	(0,0)	(0,0)	(0,0)	(0,0)	(0,0)	(0,0)
Arrendamientos	(0,0)	(0,0)	(0,0)	(0,0)	(0,0)	(0,0)	(0,0)	(0,0)	(0,0)	(0,0)	(0,0)	(0,0)	(0,0)
Reparaciones	(0,3)	(0,3)	(0,3)	(0,3)	(0,3)	(0,3)	(0,3)	(0,3)	(0,3)	(0,3)	(0,3)	(0,3)	(3,6)
Asesorías	(0,0)	(0,0)	(0,0)	(0,0)	(0,0)	(0,0)	(0,0)	(0,0)	(0,0)	(0,0)	(0,0)	(0,0)	(0,0)
Comunicación	(0,0)	(0,0)	(0,0)	(0,0)	(0,0)	(0,0)	(0,0)	(0,0)	(0,0)	(0,0)	(0,0)	(0,0)	(0,0)
Publicidad	(0,0)	(0,0)	(0,0)	(0,0)	(0,0)	(0,0)	(0,0)	(0,0)	(0,0)	(0,0)	(0,0)	(0,0)	(0,0)
Viajes y hoteles	(0,0)	(0,0)	(0,0)	(0,0)	(0,0)	(0,0)	(0,0)	(0,0)	(0,0)	(0,0)	(0,0)	(0,0)	(0,0)
Seguros	(0,0)	(0,0)	(0,0)	(0,0)	(0,0)	(0,0)	(0,0)	(0,0)	(0,0)	(0,0)	(0,0)	(0,0)	(0,1)
Gastos I+D	(0,0)	(0,0)	(0,0)	(0,0)	(0,0)	(0,0)	(0,0)	(0,0)	(0,0)	(0,0)	(0,0)	(0,0)	(0,0)
Gastos diversos	(0,0)	(0,0)	(0,0)	(0,0)	(0,0)	(0,0)	(0,0)	(0,0)	(0,0)	(0,0)	(0,0)	(0,0)	(0,0)
Ajustes ebitda	(0,0)	(0,0)	(0,0)	(0,0)	(0,0)	(0,0)	(0,0)	(0,0)	(0,0)	(0,0)	(0,0)	(0,0)	(0,0)
Ebitda transporte	0,3	0,3	0,3	0,3	0,3	0,3	0,3	0,3	0,3	0,3	0,3	0,3	4,1
Amortizaciones	(0,0)	(0,0)	(0,0)	(0,0)	(0,0)	(0,0)	(0,0)	(0,0)	(0,0)	(0,0)	(0,0)	(0,0)	(0,0)
EBIT	0,3	0,3	0,3	0,3	0,3	0,3	0,3	0,3	0,3	0,3	0,3	0,3	4,1
Resultados enajenación y deterioro inmov.	(0,0)	(0,0)	(0,0)	(0,0)	(0,0)	(0,0)	(0,0)	(0,0)	(0,0)	(0,0)	(0,0)	(0,0)	(0,0)
Provisión deterioro fondo de comercio	0,0	0,0	0,0	0,0	0,0	0,0	0,0	0,0	0,0	0,0	0,0	0,0	0,0
Resultados excepcionales	0,0	0,0	0,0	0,0	0,0	0,0	0,0	0,0	0,0	0,0	0,0	0,0	0,0
Remuneraciones consejo	(0,0)	(0,0)	(0,0)	(0,0)	(0,0)	(0,0)	(0,0)	(0,0)	(0,0)	(0,0)	(0,0)	(0,0)	(0,0)
Resultado explotación	0,3	0,3	0,3	0,3	0,3	0,3	0,3	0,3	0,3	0,3	0,3	0,3	4,1
Ingresos financieros	0,0	0,0	0,0	0,0	0,0	0,0	0,0	0,0	0,0	0,0	0,0	0,0	0,2
Gastos financieros I	(0,0)	(0,0)	(0,0)	(0,0)	(0,0)	(0,0)	(0,0)	(0,0)	(0,0)	(0,0)	(0,0)	(0,0)	(0,0)
Comisiones	(0,0)	(0,0)	(0,0)	(0,0)	(0,0)	(0,0)	(0,0)	(0,0)	(0,0)	(0,0)	(0,0)	(0,0)	(0,0)
Otros gastos	(0,0)	(0,0)	(0,0)	(0,0)	(0,0)	(0,0)	(0,0)	(0,0)	(0,0)	(0,0)	(0,0)	(0,0)	(0,0)
Prestamo participativo (PPL)	(0,0)	(0,0)	(0,0)	(0,0)	(0,0)	(0,0)	(0,0)	(0,0)	(0,0)	(0,0)	(0,0)	(0,0)	(0,0)
EBT	0,4	0,4	0,4	0,4	0,4	0,4	0,4	0,4	0,4	0,4	0,4	0,4	4,2
Impuesto Sociedades	(0,0)	(0,0)	(0,0)	(0,0)	(0,0)	(0,0)	(0,0)	(0,0)	(0,0)	(0,0)	(0,0)	(0,0)	(0,0)
Otros impuestos	(0,0)	(0,0)	(0,0)	(0,0)	(0,0)	(0,0)	(0,0)	(0,0)	(0,0)	(0,0)	(0,0)	(0,0)	(0,0)
Rendimiento neto	0,3	0,3	0,3	0,3	0,3	0,3	0,3	0,3	0,3	0,3	0,3	0,3	4,2
De operaciones continuadas	(0,0)	(0,0)	(0,0)	(0,0)	(0,0)	(0,0)	(0,0)	(0,0)	(0,0)	(0,0)	(0,0)	(0,0)	(0,0)
De operaciones no continuadas	(0,0)	(0,0)	(0,0)	(0,0)	(0,0)	(0,0)	(0,0)	(0,0)	(0,0)	(0,0)	(0,0)	(0,0)	(0,0)
Rendimientos minoritarios	(0,0)	(0,0)	(0,0)	(0,0)	(0,0)	(0,0)	(0,0)	(0,0)	(0,0)	(0,0)	(0,0)	(0,0)	(0,0)
Rendimiento atribuible	0,3	0,3	0,3	0,3	0,3	0,3	0,3	0,3	0,3	0,3	0,3	0,3	4,1

Véase el anexo a1.

AURUM

¿Cómo hacer un cuadro de mando integral?

El **cuadro de mando integral (CMI)** es un formato que sirve para plasmar los objetivos estratégicos, los indicadores de resultados, las metas y las iniciativas. Es la representación visual de una estrategia.

Proceso

1 Se realiza una tabla que contenga los **objetivos** estratégicos, los **indicadores** con los que se mide el resultado, las **metas** que se han de conseguir y las principales **iniciativas** que se quieren implementar para alcanzar los objetivos. Se deben indicar las áreas de actuación y los subobjetivos:

Objetivos estratégicos			
Objetivos	Indicadores	Metas	Iniciativas
Subobjetivo	¿Cómo se miden los resultados?	Resultado deseado	Iniciativas previstas

Ejemplo

Objetivo 1. Clientes			
Objetivos	Indicadores	Metas	Iniciativas
Alta fidelización	Clientes perdidos anualmente	<30 clientes año	Plan Cliente 10

Objetivo 2. Procesos			
Objetivos	Indicadores	Metas	Iniciativas
Puntualidad en la entrega	Cumplimiento horario	95 % en el tiempo previsto	Plan Entrega Segura

2 Se plasma esta información en un esquema que permita entender fácilmente la estrategia que se ha de seguir.

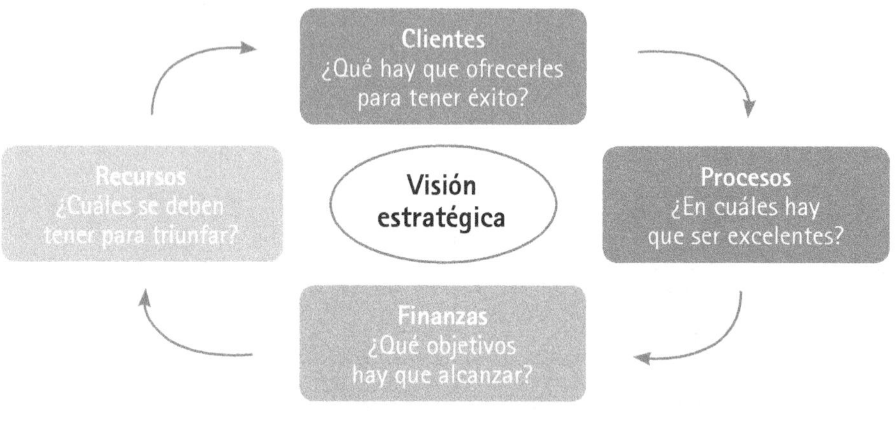

¿Qué indicadores clave de rendimiento hay que usar en logística?

Los **indicadores clave de rendimiento** o **KPI** *(key performance indicator)* sirven para medir y valorar un determinado campo o factor. Por ejemplo, el costo por kilómetro (€/km) en el transporte.

Solución

Cada organización tiene unas particularidades y genera unos KPI específicos. Sin embargo, hay muchos indicadores que pueden aplicarse a nivel general a pesar de las diferencias entre una y otra empresa. Estos son algunos de los KPI más usados en logística:

Áreas	Indicadores claves de rendimiento (KPI)
Costos	€/tonelada
	€/m³
	€/unidad
	€/envío
	€/TEU
	€/camión
	€/pedido
Inmovilizado	Existencias en euros
	Activos en euros
Productividad	Ocupación (m²)/disponibilidad (m²)
	Porcentaje llenado por envío (tonelada)
	Porcentaje llenado por envío (m³)
	Tiempo medio de carga por camión
	Toneladas movidas/mes por carretillero
Rentabilidad y beneficio	Retorno de la inversión
	Porcentaje de rentabilidad
Control sobre el gasto	Porcentaje de gasto de transporte/ventas
	Desviación del gasto previsto (total y porcentual)
Prevención de riesgos laborales y medio ambiente	Accidentes/mes
	Incidencias/mes
	Reclamaciones/mes
	Emisiones CO_2/mes

Recomendaciones

1 Revisar que el sistema dé los datos correctos. La manera de introducir la información puede dificultar su procesamiento.

2 Medir requiere recursos, tiempo y una configuración adecuada del programa de gestión o ERP. Es recomendable analizar si se dispone de todo ello antes de diseñar un sistema de KPI con expectativas inalcanzables.

¿Cómo presentar los KPI?

Se pueden presentar por separado, en un informe, en un cuadro indicativo o mediante tablas de desempeño *(dashboards)*. Estas tablas se pueden mostrar en cuadros e informes informatizados o en tableros físicos. En este segundo caso se suelen ubicar en zonas visibles, para facilitar su comprensión o para apoyar las reuniones de supervisión de equipos.

Ejemplos

Un KPI individual puede presentarse como un simple dato, o con su propio cuadro en el que plasmar información adicional, como comentarios, planes de acción, datos previos, etc.

KPI individual.

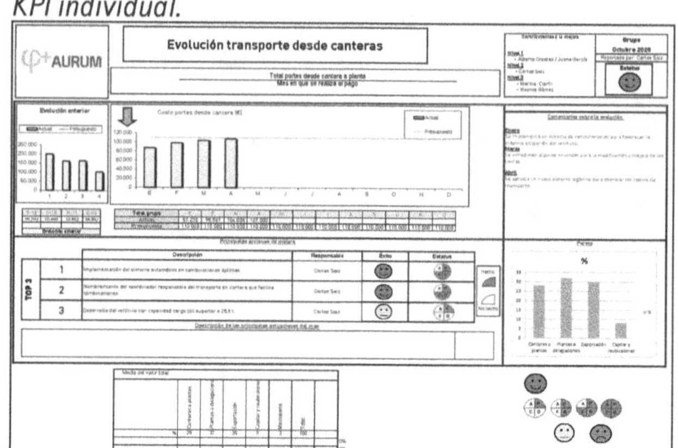

Véase el anexo a2.

Tablas de desempeño físicas.

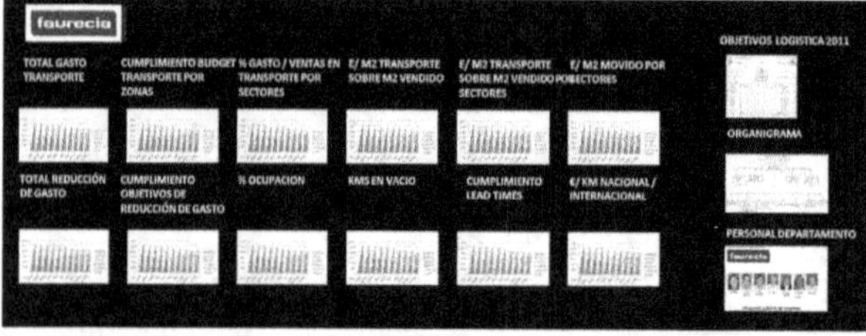

Tablas de desempeño informáticas.

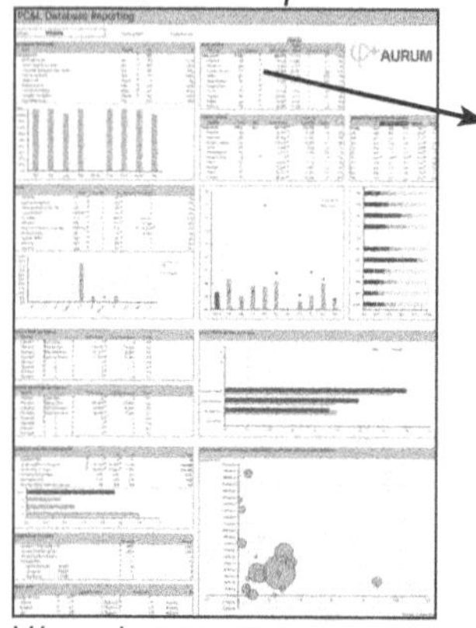

Véase el anexo a3.

REAL STOCK					Real vs. Target			
Families	Cod	ERP Ref		Stock Euros	Stock	Trend	Cov Dys	%
Total stock	Plant			364.476	13.366		2,7	104%
Armrest	AR			16.332	-11.994		2,7	5%
Headrest	HR			12.914	-12.672		1,1	4%
Covers, screen	CV			88.348	-25.057		2,9	25%
Other	OT			42.520	33.052		15,9	12%
Electrification	EL			13.086	2.874		5,6	4%
Large In Situ	IS			0	0		0,0	0%
Foam	FO			17.185	6.954		2,2	5%
Plastics	PL			32.394	19.711		5,7	9%
Safety	SA			57.008	8.256		4,7	16%
Frames	FR			84.689	-7.758		1,6	24%

Las tablas de desempeño deben ser muy descriptivas, por lo que se suelen utilizar códigos visuales, iconos y gráficos para conocer el estatus y los valores de los conceptos representados. Son herramientas de seguimiento.

¿Cómo realizar el control del gasto en logística?

Tras realizar un presupuesto, hay que comprobar su cumplimiento. Si el gasto es mayor de lo esperado, es necesario analizar las causas de la desviación y establecer acciones correctoras. Este proceso se lleva a cabo a través de la **cuenta de resultados,** en la que se debe reflejar:

- Gasto previsto.
- Gasto real.
- Desviación en la moneda que corresponda.
- Porcentaje de desviación.
- Porcentaje esperado y porcentaje real de gasto logístico sobre las ventas.

Ejemplos

Ítem	Previsión anual	Real anual	Desviación (€)	Desviación (%)	S/V previsto (%)	S/V real (%)
Transporte Latinoamérica						
Transporte Oriente Medio						
Transporte Extremo Oriente						
Transporte África						
Transporte Europa						

Regla Incoterms	Previsión anual (%)	Real anual (%)
Transporte EXW		
Transporte FCA		
Transporte FAS		
Transporte FOB		
Transporte CFR/CPT		
Transporte CIF/CIP		
Transporte DAT		
Transporte DAP		
Transporte DDP		

El hecho de que el gasto logístico crezca o disminuya no implica necesariamente que se esté realizando una mala gestión.

Si hay más ventas, el gasto logístico total crecerá. También puede ocurrir si, por alguna razón justificada, se sustituye el uso de una regla Incoterms por otra, por ejemplo, o en otras circunstancias ajenas a la gestión logística.

Por lo tanto, hay que tener en cuenta no solo el porcentaje de desviación sino también el volumen de ventas. Hay que analizar de manera individual qué se había presupuestado y qué tipo de servicio se está prestando.

¿Qué son los ahorros estandarizados y cómo se controlan?

El **costo estándar** es el precio medio anual de un artículo. Al realizar el presupuesto anual se contempla este costo para valorar, en función de los artículos previstos, el gasto que estos supondrán.

El ahorro estándar es la reducción de gasto que se consigue al reducir un costo estándar. Por ejemplo, si un artículo tiene un costo estándar de 10 € y puede reducirse a 9 €, el ahorro estándar sería 1 €, cuya proyección sobre un consumo previsto de 10.000 unidades supondría un ahorro sobre el presupuesto de 10.000 €, que incrementarían directamente el ebitda.

Solución

Estos son algunos requisitos para calcular los ahorros correctamente:

- Disponer de un sistema que permita determinar el costo estándar o el precio medio ponderado de un artículo.
- Codificar adecuadamente los artículos para que sean comparables entre sí y no se mezclen artículos de diferentes naturalezas.
- Poder relacionar los artículos con su costo estándar cuando se producen cambios en el nombre del artículo.

Si se desarrollan distintas tipologías (diversos proveedores, precios o servicios) dentro de un mismo artículo, debe habilitarse un sistema de informes para poder seccionar el análisis. Para que el análisis sea válido hay que comparar únicamente datos que compartan condiciones.

Resulta de suma utilidad el empleo de este tipo de cuadros:

Ítem	Costo estándar histórico	Previsión actual (ud.)	Previsión actual (precio)	Costo estándar actual	Ahorro sobre presupuesto	Real (ud.) actual	Ahorro real
Transporte de carga completa, 24 toneladas (en €)	700	100	70.000	650	−5.000	90	−4.500

Fórmulas

Cálculo de los ahorros tras reducir el costo unitario de un artículo:

Costo estándar unitario − nuevo costo unitario = ahorro unitario.

Ahorro sobre presupuesto = ahorro unitario por unidades consumidas.

AURUM

¿Cómo tipificar los servicios logísticos en el ERP para extraer datos analizables?

Todo servicio logístico (un transporte, una operación de almacenaje, etc.) debe ser catalogado como un artículo que pueda ser contratado, planificado o vendido en el **sistema de gestión corporativa (ERP)** de una organización.

Solución

Existen dos formas básicas de crear los artículos:

- Crear listas de campos desplegables y seleccionables:

Familia	Subfamilia	Cuenta contable	Ámbito	Origen	Destino	kg	Unidad	Precio	Importe
Transporte	Paquetería	700001	Nacional	Madrid	Vigo	23	€/envío	19,85 €	19,85 €
Familia	Subfamilia	Cuenta contable	Ámbito	Semirremolque origen	Semirremolque destino	kg	Unidad	Precio	Importe
Almacén	Trasbordos	560001	Internacional	R3485BBB	R5678GHC	2.486	€/kg	0,03 €/kg	74,58 €
Familia	Subfamilia	Cuenta contable	Ámbito	Origen	Destino	kg	Unidad	Precio	Importe
Transporte	Traslado	800004	Transporte industrial	Mérida, nave 4	Mérida, nave 6	1.235	€/envío	35,00 €	35,00 €

- Crear artículos en cuya descripción esté el contenido y los subcampos:

Familia	Subfamilia	Cuenta contable	Descripción	kg	Unidad	Precio	Importe
Transporte	Paquetería	700001	Transporte de paquetería nacional de Madrid a Vigo	23	€/envío	19,85 €	19,85 €
Familia	Subfamilia	Cuenta contable	Ámbito	kg	Unidad	Precio	Importe
Almacén	Trasbordos	560001	Trasbordo entre semirremolques destino internacional	2.486	€/kg	0,03 €/kg	74,58 €
Familia	Subfamilia	Cuenta contable	Ámbito	kg	Unidad	Precio	Importe
Transporte	Traslado	800004	Traslado entre naves de Mérida	1.235	€/envío	35,00 €	35,00 €

Antes de tomar una decisión se debe analizar las posibilidades del ERP, el cuadro de cuentas y los informes que se quieren obtener.

Los artículos que se compran o se venden se anotan en el cuadro de cuentas donde se registran los ingresos y los pagos codificados según el plan general contable. Por ello, las familias de transporte pueden estar relacionadas con diversos grupos de cuentas contables:

- Grupo 6 (compras y gastos).
- Grupo 7 (ventas e ingresos).

¿Cómo crear categorías de artículos para la gestión administrativa del transporte?

N.º	Categoría	Subcategoría	Descripción	Envíos	Devoluciones
1	Transporte de compra	Aprovisionamiento de materias primas o semielaborados para producción	Transporte de productos, desde un centro propio o ajeno, hasta el centro de producción para su transformación en producto acabado		
2		Transporte de activos hasta instalaciones propias	Transporte de maquinaria o mobiliario, por ejemplo, a las instalaciones propias		
3		Transporte de consumibles hasta instalaciones propias	Transporte de material de oficina, embalajes, etc.		
4		Transporte de logística inversa	Transporte de retorno de embalajes o residuos, por ejemplo, para su reutilización		
5		Compra de producto acabado	Transporte de artículos a un tercero para su reventa desde un centro propio		
6	Transporte interno	Transporte industrial interno	Transporte de materias primas, semielaborados, productos acabados, activos o consumibles entre instalaciones propias		
7	Transporte de venta	Transporte de producto de materia prima, producto semielaborado o acabado hasta el cliente	Transporte de productos desde instalaciones propias hasta el cliente final		
8		Transporte de producto acabado hasta ubicaciones propias	Transporte desde el centro de producción hasta un punto de venta propio		
9	Otros transportes	Transporte de documentación	Transporte de documentos administrativos		
10		Transporte de material para ferias	Envío de estand, mobiliario, productos para exposición u otros materiales a ferias		
11		Transporte de publicidad, muestras y *merchandising*	Transporte de elementos de *marketing* o publicidad (catálogos, muestras, obsequios, etc.)		

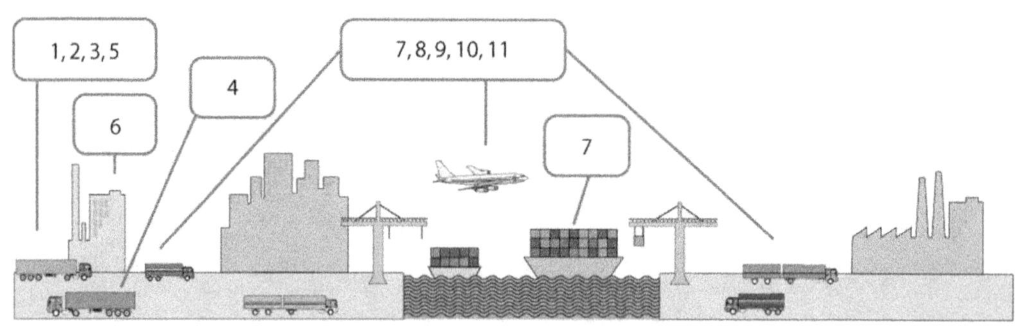

¿Qué es el ebitda y cómo contribuir a su mejora?

Este **indicador financiero** señala las ganancias antes de aplicar los intereses, las depreciaciones, los impuestos y las amortizaciones. **Ebitda** son las siglas de *Earning Before Interest, Taxes, Depreciation and Amortization.*

Solución

Cuando se realiza un presupuesto anual en una organización, se establece la previsión de unos resultados que hay que conseguir.

El **beneficio bruto** se calcula restándole a los ingresos los costos. Sin embargo, este beneficio no es un indicador muy valorado, ya que no representa realmente lo que genera una empresa. Por ello, al beneficio bruto se le suman los **ingresos de explotación** y se le restan los **costos de explotación** y los **gastos de administración** y ventas, dando como resultado el ebitda, que sí es relevante.

Indicadores de gestión — Presupuesto 2025

	Enero	Febrero	Marzo	Abril	Mayo	Junio	Julio	Agosto	Sept.	Oct.	Nov.	Dic.	Total
Ventas de transporte	2,7	2,7	2,7	2,7	2,7	2,7	2,7	2,7	2,7	2,7	2,7	2,7	31,9
Iberia	0,9	0,9	0,9	0,9	0,9	0,9	0,9	0,9	0,9	0,9	0,9	0,9	10,8
América	0,6	0,6	0,6	0,6	0,6	0,6	0,6	0,6	0,6	0,6	0,6	0,6	6,7
Europa	0,2	0,2	0,2	0,2	0,2	0,2	0,2	0,2	0,2	0,2	0,2	0,2	2,4
África y Oriente Medio	0,3	0,3	0,3	0,3	0,3	0,3	0,3	0,3	0,3	0,3	0,3	0,3	3,8
Asia Pacífico	0,6	0,6	0,6	0,6	0,6	0,6	0,6	0,6	0,6	0,6	0,6	0,6	7,2
Otras ventas	0,1	0,1	0,1	0,1	0,1	0,1	0,1	0,1	0,1	0,1	0,1	0,1	1,2
Consumos. Gastos de transporte	(2,0)	(2,0)	(2,0)	(2,0)	(2,0)	(2,0)	(2,0)	(2,0)	(2,0)	(2,0)	(2,0)	(2,0)	(23,6)
Iberia	[illegible]	[illegible]	[illegible]	[illegible]	[illegible]	[illegible]	[illegible]	[illegible]	[illegible]	[illegible]	[illegible]	[illegible]	[illegible]
América	[illegible]	[illegible]	[illegible]	[illegible]	[illegible]	[illegible]	[illegible]	[illegible]	[illegible]	[illegible]	[illegible]	[illegible]	[illegible]
Europa	[illegible]	[illegible]	[illegible]	[illegible]	[illegible]	[illegible]	[illegible]	[illegible]	[illegible]	[illegible]	[illegible]	[illegible]	[illegible]
África y Oriente Medio	[illegible]	[illegible]	[illegible]	[illegible]	[illegible]	[illegible]	[illegible]	[illegible]	[illegible]	[illegible]	[illegible]	[illegible]	[illegible]
Otros gastos de transporte	[illegible]	[illegible]	[illegible]	[illegible]	[illegible]	[illegible]	[illegible]	[illegible]	[illegible]	[illegible]	[illegible]	[illegible]	[illegible]
Suministros	[illegible]	[illegible]	[illegible]	[illegible]	[illegible]	[illegible]	[illegible]	[illegible]	[illegible]	[illegible]	[illegible]	[illegible]	[illegible]
Subcontratación	[illegible]	[illegible]	[illegible]	[illegible]	[illegible]	[illegible]	[illegible]	[illegible]	[illegible]	[illegible]	[illegible]	[illegible]	[illegible]
Margen bruto	0,7	0,7	0,7	0,7	0,7	0,7	0,7	0,7	0,7	0,7	0,7	0,7	8,3
Personal	[illegible]	[illegible]	[illegible]	[illegible]	[illegible]	[illegible]	[illegible]	[illegible]	[illegible]	[illegible]	[illegible]	[illegible]	[illegible]
Otros gastos de explotación	[illegible]	[illegible]	[illegible]	[illegible]	[illegible]	[illegible]	[illegible]	[illegible]	[illegible]	[illegible]	[illegible]	[illegible]	[illegible]
Arrendamientos	[illegible]	[illegible]	[illegible]	[illegible]	[illegible]	[illegible]	[illegible]	[illegible]	[illegible]	[illegible]	[illegible]	[illegible]	[illegible]
Reparaciones	[illegible]	[illegible]	[illegible]	[illegible]	[illegible]	[illegible]	[illegible]	[illegible]	[illegible]	[illegible]	[illegible]	[illegible]	[illegible]
Asesorías	[illegible]	[illegible]	[illegible]	[illegible]	[illegible]	[illegible]	[illegible]	[illegible]	[illegible]	[illegible]	[illegible]	[illegible]	[illegible]
Comunicación	[illegible]	[illegible]	[illegible]	[illegible]	[illegible]	[illegible]	[illegible]	[illegible]	[illegible]	[illegible]	[illegible]	[illegible]	[illegible]
Publicidad	[illegible]	[illegible]	[illegible]	[illegible]	[illegible]	[illegible]	[illegible]	[illegible]	[illegible]	[illegible]	[illegible]	[illegible]	[illegible]
Viajes y hoteles	[illegible]	[illegible]	[illegible]	[illegible]	[illegible]	[illegible]	[illegible]	[illegible]	[illegible]	[illegible]	[illegible]	[illegible]	[illegible]
Seguros	[illegible]	[illegible]	[illegible]	[illegible]	[illegible]	[illegible]	[illegible]	[illegible]	[illegible]	[illegible]	[illegible]	[illegible]	[illegible]
Gastos I+D	[illegible]	[illegible]	[illegible]	[illegible]	[illegible]	[illegible]	[illegible]	[illegible]	[illegible]	[illegible]	[illegible]	[illegible]	[illegible]
Gastos diversos	[illegible]	[illegible]	[illegible]	[illegible]	[illegible]	[illegible]	[illegible]	[illegible]	[illegible]	[illegible]	[illegible]	[illegible]	[illegible]
Ajustes ebitda	[illegible]	[illegible]	[illegible]	[illegible]	[illegible]	[illegible]	[illegible]	[illegible]	[illegible]	[illegible]	[illegible]	[illegible]	[illegible]
Ebitda transporte	0,3	0,3	0,3	0,3	0,3	0,3	0,3	0,3	0,3	0,3	0,3	0,3	4,1
Amortizaciones	[illegible]	[illegible]	[illegible]	[illegible]	[illegible]	[illegible]	[illegible]	[illegible]	[illegible]	[illegible]	[illegible]	[illegible]	[illegible]
EBIT	0,3	0,3	0,3	0,3	0,3	0,3	0,3	0,3	0,3	0,3	0,3	0,3	4,1
Resultados enajenación y deterioro inmov.	[illegible]	[illegible]	[illegible]	[illegible]	[illegible]	[illegible]	[illegible]	[illegible]	[illegible]	[illegible]	[illegible]	[illegible]	[illegible]
Provisión deterioro fondo de comercio	0,0	0,0	0,0	0,0	0,0	0,0	0,0	0,0	0,0	0,0	0,0	0,0	0,0
Resultados excepcionales	0,0	0,0	0,0	0,0	0,0	0,0	0,0	0,0	0,0	0,0	0,0	0,0	0,0
Remuneraciones consejo	[illegible]	[illegible]	[illegible]	[illegible]	[illegible]	[illegible]	[illegible]	[illegible]	[illegible]	[illegible]	[illegible]	[illegible]	[illegible]
Resultado explotación	0,3	0,2	0,3	0,3	0,3	0,3	0,3	0,2	0,3	0,3	0,3	0,3	4,1
Ingresos financieros	0,0	0,0	0,0	0,0	0,0	0,0	0,0	0,0	0,0	0,0	0,0	0,0	0,2
Gastos financieros I	[illegible]	[illegible]	[illegible]	[illegible]	[illegible]	[illegible]	[illegible]	[illegible]	[illegible]	[illegible]	[illegible]	[illegible]	[illegible]
Comisiones	[illegible]	[illegible]	[illegible]	[illegible]	[illegible]	[illegible]	[illegible]	[illegible]	[illegible]	[illegible]	[illegible]	[illegible]	[illegible]
Otros gastos	[illegible]	[illegible]	[illegible]	[illegible]	[illegible]	[illegible]	[illegible]	[illegible]	[illegible]	[illegible]	[illegible]	[illegible]	[illegible]
Préstamo participativo (PPL)	[illegible]	[illegible]	[illegible]	[illegible]	[illegible]	[illegible]	[illegible]	[illegible]	[illegible]	[illegible]	[illegible]	[illegible]	[illegible]
EBT	0,4	0,4	0,4	0,4	0,4	0,4	0,4	0,4	0,4	0,4	0,4	0,4	4,2
Impuesto Sociedades	[illegible]	[illegible]	[illegible]	[illegible]	[illegible]	[illegible]	[illegible]	[illegible]	[illegible]	[illegible]	[illegible]	[illegible]	[illegible]
Otros impuestos	[illegible]	[illegible]	[illegible]	[illegible]	[illegible]	[illegible]	[illegible]	[illegible]	[illegible]	[illegible]	[illegible]	[illegible]	[illegible]
Rendimiento neto	0,3	0,3	0,3	0,3	0,3	0,3	0,3	0,2	0,3	0,3	0,3	0,3	4,2
De operaciones continuadas	[illegible]	[illegible]	[illegible]	[illegible]	[illegible]	[illegible]	[illegible]	[illegible]	[illegible]	[illegible]	[illegible]	[illegible]	[illegible]
De operaciones no continuadas	[illegible]	[illegible]	[illegible]	[illegible]	[illegible]	[illegible]	[illegible]	[illegible]	[illegible]	[illegible]	[illegible]	[illegible]	[illegible]
Rendimientos minoritarios	[illegible]	[illegible]	[illegible]	[illegible]	[illegible]	[illegible]	[illegible]	[illegible]	[illegible]	[illegible]	[illegible]	[illegible]	[illegible]
Rendimiento atribuible	0,3	0,3	0,3	0,3	0,3	0,3	0,3	0,3	0,3	0,3	0,3	0,3	4,1

Presupuesto.

Véase el anexo a1.

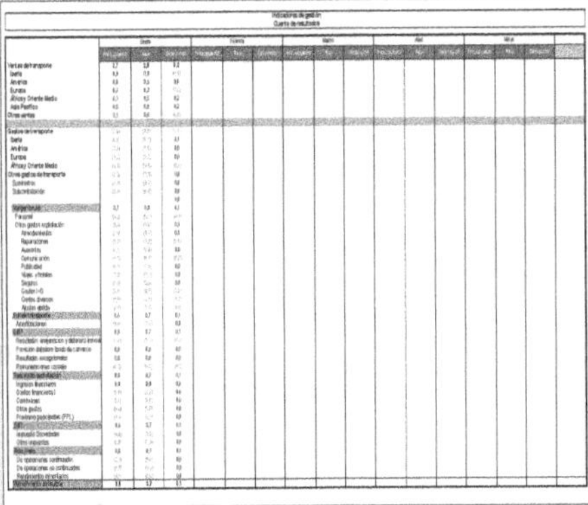

Cuenta de resultados.

Véase el anexo a4.

Beneficio bruto

+ Ingresos de explotación

– Costos de explotación

– Gastos de administración y ventas

= **Ebitda**

– Amortizaciones

= **EBIT**

El costo de la logística es muy variable y en cada empresa es diferente. Suele representar en torno al 11 % del valor de las ventas.

Para contribuir a su mejora es necesario reducir los costos o mejorar la productividad a través de:

- Plan de ahorros estandarizados.
- Plan de inversión.
- Plan de mejora continua.
- Investigación y desarrollo (I+D).
- Simuladores de decisiones.
- Ventas de servicios logísticos con beneficio.

¿Cuáles son los gastos habituales de un vehículo y cómo se gestionan?

Es necesario calcular el impacto que los posibles costos de un vehículo tendrán sobre un producto o servicio. Aunque en cada caso se den unas circunstancias particulares, es posible analizarlos partiendo de un esquema de costos.

Solución

Repercutir el costo de un vehículo sobre los productos transportados no es algo sencillo ya que estos pueden no ser uniformes. Para repercutir el costo se debe:

1 Establecer la unidad de comparación (Uc) (kg, m^3, m^2, etc.) y convertir todas las unidades transportadas a esa unidad.

2 Tomar el costo del vehículo (Cv).

3 Aplicar la siguiente fórmula: $Cu = \dfrac{Cv}{Uc}$.

Ejemplo

Informe de costos anuales (€)	Servicio de recogidas 250 ms/día Vehículo de 25 toneladas de carga útil	
	Caso 1	Caso 2
Amortización del vehículo	6.737,50	12.086,44
Financiación del vehículo	554,14	1.125,90
Personal de conducción	28.730	25.645,13
Seguros	3.216	6.286,34
Costos fiscales	357,09	1.057,52
Dietas	0	2.318,40
Telefonía	678	678
Combustible	25.855,20	14.181,12
Neumáticos	6.048	4.757,30
Mantenimiento	2.419,20	1.843,20
Reparaciones	4.290,30	3.268,80
Otros	232	232
Costo del vehículo (Cv)	79.117,43	73.480,15
Unidad de comparación		
Kilometraje anual (km/año)	63.000	48.000
Kilometraje anual en carga (km/año)	31.500	23.040
Días laborables	222	222
Mercancías transportadas (kg)	5.128.200	5.372.400
Mercancías transportadas (m^3)	19.314	20.202
Repercusión		
Costos totales (€/km recorrido)	1,26	1,53
Costos totales (€/km cargado)	2,51	3,19
Costo total por jornada	356,38	330,99
Costo por kilogramo transportado	0,02	0,01
Costo por metro cúbico transportado	4,10	3,64

¿Cómo determinar si es mejor emplear un vehículo propio o uno subcontratado?

Después de analizar los posibles costos de un vehículo propio, es necesario calcular el impacto de estos sobre el precio de la mercancía transportada y determinar si conviene emplear **transporte propio** o **subcontratarlo.** Esto puede generar escenarios diversos.

Solución

1 Cantidad y regularidad uniformes

Según el tipo de vehículo, se determinará un costo concreto **(ficha A10)** y una oferta de un transportista externo. Para poder hacer la comparación hay que usar una medida común. Por ejemplo:

Costo del vehículo por día laborable: 223 €.
Unidades transportadas en cuatro viajes/día: 10.000 ud.
Costo unidad transportada: 223 / 10.000 = 0,0223 €/ud.

Oferta transportista externo 1: 0,03 €/ud.
Oferta transportista externo 2: 80 €/viaje.
Cálculo del precio de la unidad: 80 € / 2.500 ud. = 0,032 €/ud.

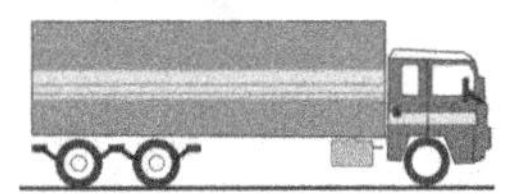

2 Cantidad y regularidad variables

Si se dan variaciones sobre la cantidad o regularidad de los transportes, hay que dividir el **importe total de gasto** durante un periodo de tiempo concreto (incluyendo el costo financiero de la inversión) entre las **unidades transportadas.** Por ejemplo:

Importe periodo X / ud. transportadas = 110.000 € / 1.234.565 ud. = 0,089 €/ud.

Oferta transportista externo 1: 0,03 €/ud.
Oferta transportista externo 2: 80 €/viaje.
Promedio histórico: 1.234.565 ud. / 815 viajes = 1514 ud./viaje.
Calcular costo en unidades: 80 viajes / 1.514 ud. = 0,052 €/ud.

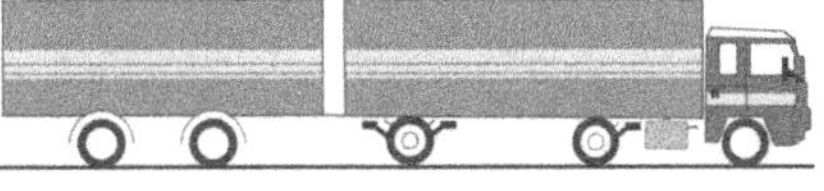

Es importante recordar que siempre hay que convertirlo todo en unidades comparables.

¿Cómo calcular el costo total logístico?

El **costo total logístico (CTL)** refleja la importancia que tienen las operaciones logísticas en la actividad productiva de una empresa.

Solución

- **Como cifra global** o **CTL de una compañía:** resulta de dividir el gasto logístico total entre las unidades vendidas (vendidas, no producidas) durante un periodo determinado; por ejemplo: 10 M€ / 20.345.677 ud. = 0,491 €/ud.

- **Como cifra individual** o **CTL de un producto:** corresponde al total de los costos de las operaciones logísticas (almacenamiento, manipulación y transporte) necesarias para completar su parte de la cadena de suministro, junto con la parte proporcional de los costos estructurales y de planificación industrial que le correspondan.

Componentes del costo total logístico	
Ítem	**Comentario**
Costos de estructura de planificación, almacén, manipulación y transporte	Incluye el costo total de instalaciones, vehículos, personal, activos, consumibles y servicios necesarios para su existencia
Operaciones en almacén (propio o ajeno)	Descarga, carga, almacenamiento, preparación de pedidos, etiquetado y otras operaciones ejecutadas dentro del almacén
Operaciones de transporte (propio o ajeno)	Transporte de compra y de venta, transporte industrial y otros transportes
Tasas, impuestos y otros gastos anexos no incluidos en las operaciones de almacén	Costos anexos a las operaciones de entrada, permanencia o salida de almacén, tales como impuestos, tasas, cánones, etc.
Tasas, impuestos y otros gastos anexos no incluidos en las operaciones de transporte	Costos anexos a las operaciones de transporte y que no se cobran en estas, tales como impuestos, tasas, cánones, etc.
Licencias, autorizaciones y documentos	Licencias, autorizaciones y documentos necesarios para la realización de actividades, licencias de exportación o importación, etc.
Contratación de servicios externos de soporte	Contratación de consultoras, formación, traducción y otros servicios de soporte
Emisión documental para la exportación o importación	Pago por emisión documental de certificados, despachos, cuadernos ATA, legalizaciones y otros documentos necesarios
Multas y sanciones	Pago de multas, sanciones, etc., derivadas de una responsabilidad propia, ajena al servicio propio o contratado que las recibe
Daños y pérdidas	Daños y pérdidas ocasionadas por una actuación propia no cubierta por los seguros contratados

¿Cómo calcular el costo de preparación de un pedido?

Existen varias formas de calcular el costo de la preparación de un pedido, dependiendo de lo que se considere como «pedido» y según la asignación de costos netos o brutos.

Proceso

1 Delimitar el inicio y el fin de la **preparación de un pedido,** que puede variar dependiendo de los procesos que se desarrollan en la empresa.

2 El cálculo del costo se puede realizar de dos maneras distintas:

a) Mediante el **cálculo del costo neto:** consiste en desglosar los diferentes costos que van produciéndose desde el inicio hasta el fin de la preparación del pedido.

Cálculo del costo neto	
Ítem C_n	Costo/ud.
Descarga por unidad de producto	0,03
Recepción administrativa	0,008
Colocación en estantería	0,01
Almacenaje por un periodo determinado	1,2
Recogida de la estantería y acarreo interno	0,01
Recepción y planificación del pedido	0,002
Desembalado e introducción del pedido	1,1
Acarreo interno hasta la zona de expedición	0,02
Carga en el vehículo de transporte	0,03
Emisión documental	0,08
Total C_p	2,49

Fórmula

$$C_p = \Sigma C_n$$

C_p = costo de preparación del pedido.
C_n = costo individual de la acción n.

b) Mediante el **CTL (ficha A12):** se asigna un porcentaje o cantidad económica al tramo que se ha delimitado para la preparación de pedidos y se divide entre el total de pedidos que se producen en ese tramo, pudiendo ponderarlos por valor, casuísticas de producción, etc.

Fórmula

$$C_p = \frac{CTL \times \%_p}{n_p}$$

CTL = costo total logístico.
$\%_p$ = porcentaje de gasto asignado al tramo de preparación de pedidos.
n_p = número de pedidos preparados durante el periodo X del CTL.

Ejemplo

CTL = 10 M€
$\%$ = 9 %
n_p = 47.800 ud.

Solución: C_p = (10 M€ × 0,09) / 47.800 ud. = 18,8 €/pedido.

¿Qué es el precio medio ponderado y cómo le afectan las estrategias de almacenamiento?

A nivel de inventario de almacén hay dos opciones para establecer el precio de las unidades almacenadas: asignar el precio individual a cada una de ellas o bien asignar un precio medio para todas.

El **precio medio ponderado (PMP)** es un valor promedio que se asigna a todas las unidades de almacén para poder valorarlas. Se suele usar cuando una empresa compra materias y las almacena según costos distintos, pero trabaja con tarifas únicas. Se utiliza para no tener que calcular los costos y los márgenes que se tengan que aplicar.

Solución

1 **Forma de asignar el valor:** se puede asignar de manera individual tras cada operación o tras un periodo, promediando el total. En el primer caso, hay un PMP variable que el departamento comercial y el personal de inventario tendrían que consultar. En el segundo caso, se fija un PMP a partir de datos históricos (por ejemplo, el anterior semestre) y se trabaja con él hasta una nueva variación.

2 **Estrategias logísticas de almacenamiento:** se pueden gestionar los almacenes bajo diversas estrategias (FI-FO, LI-FO, FE-FO,[1] etc.).

Lotes servidos anualmente	Caducidad	Valor ud.	
Lote 1	15/04/2025	350 €	
Lote 2	30/07/2025	378 €	
Lote 3	17/02/2025	310 €	
Lote 4	18/07/2025	420 €	
Cálculo individual	FI-FO	LI-FO	FE-FO
PMP 1	350 €	420 €	310 €
PMP 2	378 €	310 €	350 €
PMP 3	310 €	378 €	420 €
PMP 4	420 €	350 €	378 €
Cálculo tras periodo	FI-FO	LI-FO	FE-FO
PMP 1	364 €	365 €	330 €
PMP 2	365 €	364 €	399 €

Si el PMP se fija tras cada operación y los costos de adquisición son distintos, el valor resultante cambiará en función de la estrategia seguida.

[1] FI-FO: el primero que entra, el primero que sale; LI-FO: el último que entra, el primero que sale; FE-FO: el que primero caduca, sale.

¿Qué es la autofacturación a transportistas y cómo se realiza?

Se trata de un proceso por el cual la empresa que recibe un servicio de transporte remite a la transportista una factura legal en su nombre por los servicios prestados, o bien una propuesta de factura para que esta la revise y emita la factura definitiva. En el primer caso, la empresa transportista debe haber autorizado previamente que su cliente pueda realizar facturas en su nombre, siempre que el país en el que se realiza el servicio autorice este tipo de prácticas.

Este procedimiento se lleva a cabo para:

- Evitar errores que surjan de la empresa transportista.
- Favorecer la regularidad en la facturación.
- Prever mejor el flujo de caja y anticipar necesidades.
- Introducir códigos internos en facturas externas.
- Reducir costos a la empresa transportista (en ocasiones como parte de una negociación de reducción de precios).

Proceso

- Codificar correctamente los artículos de transporte.
- Consensuar un periodo de recepción y emisión de facturas por parte de la empresa transportista.
- Contar con un sistema de gestión corporativa (ERP) con los filtros adecuados para obtener con facilidad los datos necesarios.
- Contar con recursos humanos y medios necesarios para poder emitir autofacturas.

¿Cómo calcular si es más rentable un vehículo de almacén propio, alquilado o de *leasing?*

Existe una gran diversidad de vehículos de almacén, cada uno con sus costos particulares, a los que hay que sumar los gastos adicionales que cada empresa pueda generar. Estos vehículos se pueden **comprar** (financiado o a desembolso), **alquilar** *(renting)* o **alquilar con derecho a compra** *(leasing).*

Solución

Para decidir qué es más conveniente se puede confeccionar un cuadro comparativo:

Cuestiones que se han de valorar	Compra financiada	Alquiler	Alquiler con derecho a compra
Capital inicial desembolsado	Cuota inicial	0 €	0 €
Lucro cesante por el desembolso de capital durante un periodo X	Se ha de valorar en cada caso	0 €	0 €
Capital total desembolsado tras un periodo X	Importe total financiado + otros gastos	Importe total cuotas alquiler	Importe total financiado + otros gastos
Costo de daños a terceros, proyectado a un periodo X	Costo daños durante periodo X	0 € (incluye seguro a todo riesgo)	Costo daños durante periodo X
Costo de averías y reparaciones proyectado a un periodo X	Costo reparaciones durante periodo X	0 €	Costo reparaciones durante periodo X
Gastos de mantenimiento estimados durante un periodo X	Total mantenimiento durante periodo X	0 €	Total mantenimiento durante periodo X
Pago por adquisición tras la última cuota	0 €	0 €	Se debe valorar. Suele ser una cuota adicional
Valor de mercado del vehículo tras un periodo X	Se debe valorar en cada caso	0 €	Se debe valorar en cada caso
Deducción fiscal	Depende del tipo y uso. Se puede deducir una parte como costo	100 % porque se considera gasto	Parte financiera: 100 % deducible. Parte de adquisición: fiscalmente deducible hasta el triple del coeficiente máximo de amortización
Asistencia 24 h	Solo si se contrata en el seguro	Incluida	Solo si se contrata en el seguro
ITV	Suma ITV durante periodo X	0 €	Suma ITV durante periodo X
Seguro a todo riesgo	Suma cuotas seguro durante periodo X	0 €	Suma cuotas seguro durante periodo X
Previsión gasto mensual	Es variable	Gasto fijo	
Cancelación anticipada	Liquidando los gastos de cancelación y el valor pendiente de financiar	Liquidando los gastos de cancelación pactados en el contrato	Liquidando los gastos de cancelación y el valor pendiente de financiar
Venta del vehículo	Al finalizar la financiación. Antes no suele poder hacerse si el vehículo aparece como garantía	Por la empresa de alquiler, el arrendador no puede venderlo	Al finalizar el alquiler con derecho a compra y pasado el vehículo a nombre de la empresa
Renovación	Cuando se disponga de efectivo o se autorice la financiación	Inmediata, previo aviso a la empresa de alquiler	Depende de la aprobación de la entidad financiera. Más lento que el alquiler

¿Cuánto margen añadir al transporte y cómo reflejarlo en la factura de venta?

El transporte supone un gasto, pero puede tratarse como un producto que se compra y se revende a los clientes a un precio mayor, obteniendo así un beneficio. Sin embargo, pueden surgir dudas sobre cómo aplicar un margen sobre el transporte. Pueden haber tres opciones: cobrar solo el coste de transporte (sin margen), aplicar el mismo porcentaje comercial de margen del producto al transporte o aplicar un margen al producto y otro al transporte.

Proceso

Por lo general se suele establecer un margen de entre un 6 a un 11 % para el gasto en transporte. Esto debería cubrir la financiación, si se precisa, y el trabajo de coordinación.

Para reflejarlo en la factura existen dos opciones:

1 Sumar el transporte (con su margen añadido) al precio del material o producto, modificando solo la regla Incoterms en la factura. El cliente verá el precio con porte incluido.

2 Incluir en la factura el precio del material o producto y añadir una o varias líneas separadas con el detalle del transporte. Si el transporte es internacional, hay que tener en cuenta el destino final para aplicar el IVA que corresponda.

```
FACTURA



Material ...... X €
IVA ............... X €
```

```
FACTURA



Material ...... X €
Portes .......... X €
IVA ............... X €
```

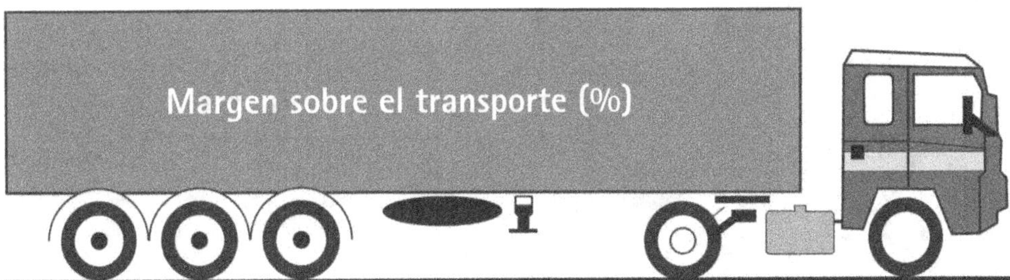

¿Cómo calcular los costos logísticos para completar las tarifas de producto o servicio?

Cada producto o servicio conlleva unos costos de producción y de distribución que configuran su **costo total.** Este se puede medir de diferentes maneras, en función de la empresa y de su casuística.

Cuando se elaboran las **tarifas anuales de los productos o servicios,** se toma siempre en cuenta el costo total de cada uno de ellos, añadiendo un margen establecido generalmente por los departamentos comerciales.

Solución

Hay dos formas de calcular el costo total logístico (CTL) **(ficha A12):**

- **Costos netos:** calculando únicamente los costos de una operativa determinada.
- **Costos brutos:** calculando los costos netos y la repercusión de todos los costos logísticos. Se divide el resultado entre el total de los productos o servicios.

A partir de una de ellas, que indica el CTL de un producto o servicio durante un periodo de tiempo determinado (generalmente un año), hay dos fórmulas para calcular los costos logísticos que habría que proyectar en las próximas tarifas de precios:

1 Se puede tomar el CTL del año anterior y proyectarlo en el siguiente.
2 Se pueden analizar las condiciones de costos y ventas del presupuesto del próximo año, simular los costos logísticos que se darán en esas condiciones y aplicarlos a las nuevas tarifas.

Se suele proceder de la segunda manera cuando las condiciones son muy variables.

Este proceso de cálculo de los costos está coordinado generalmente por las personas responsables de cada producto o servicio, quienes conocen y optimizan sus costos.

¿Qué es una carta de crédito y cómo se gestiona?

Es un instrumento de pago muy habitual en las operaciones de compraventa internacional de mercancías.

En la gestión de una carta de crédito intervienen al menos la empresa importadora, la exportadora y sus respectivos bancos. El departamento de logística no interviene directamente en la negociación de las cartas de crédito, pero sí en las condiciones que se pueden fijar en su apertura, por lo que conviene conocer los pasos que hay que seguir para entregar la documentación necesaria para su gestión.

Proceso

1 Exportadora e importadora llegan a un acuerdo de compraventa, indicando que la forma de pago será **carta de crédito.** Los departamentos de producción y logística coordinan sus programas para hacer efectiva la entrega de la mercancía.

2 La importadora remite a su banco una solicitud de apertura de carta de crédito a favor de la exportadora aportando la factura proforma que esta le habrá remitido previamente.

3 El banco de la importadora aprueba la carta de crédito e informa a la beneficiaria y a su banco para que actúe como banco avisador/confirmador.

4 El banco avisador/confirmador revisa los documentos y acepta o negocia los términos del crédito.

5 Una vez confirmada la apertura de la carta de crédito, el departamento de logística envía la mercancía de acuerdo con lo establecido en la compraventa y se remite la documentación requerida por el banco avisador (de la exportadora).

6 El banco avisador la revisa, la envía al emisor y paga a la exportadora.

7 El banco emisor revisa los documentos y reembolsa el importe al banco avisador cuando se demuestra que se ha entregado la mercancía, de acuerdo con la documentación aportada por el departamento de logística.[1]

8 La importadora es notificada por el banco emisor. Cuando esta paga el importe a dicho banco, este le entrega los documentos para retirar o recibir la mercancía.

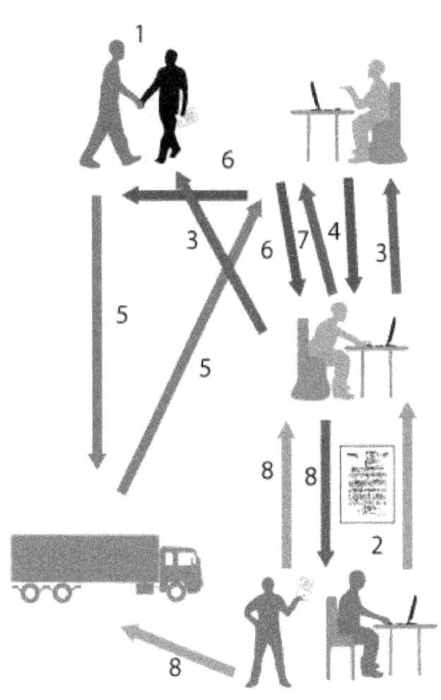

[1] La casuística de la entrega es muy variada en función de la regla Incoterms que se pacte, por lo que puede ser el departamento logístico de la importadora o el de la exportadora.

¿Qué sistemas de pago ofrecer a una empresa transportista?

El costo del dinero depende de múltiples factores, por lo que es recomendable tomar como referencia la transferencia a sesenta días (valor 0 %) estableciendo cuadros de descuento para comparar y valorar cada opción.

Los medios de pago no siempre dependen de la propia empresa, pueden venir dados por la normativa de proveedores, bancos, etc.

Solución

Denominación	Comentario	Ventajas	Desventajas	Costo según días hasta vencimiento (%)					
				Anticipado	30	60	90	120	180
Efectivo al contado	Pago en metálico	Mayor descuento	Se requiere mayor flujo de caja	−7,50	−5	−2,50	0,00	2,50	3,75
Transferencia	Pago mediante envío e ingreso a la cuenta	Control del tiempo de la operación	Costos de transferencia y tiempo dedicado	−3	−1,5	0,00	1,50	3,00	4,50
Domiciliación	La empresa transportista carga el importe a la cuenta que indique la cargadora	Se evitan costos de transferencia y tiempo	Se pierde el control sobre el momento del pago	−2,8	−1,3	−0,20	1,30	2,80	4,30
Letra de cambio	Documento de cobro emitido por el librador (proveedor) hacia el librado, quien asume el pago cuando la acepta con su firma. El proveedor puede endosarla	El proveedor puede descontarla en su banco	Se asume mayor responsabilidad jurídica	−2,8	−1,3	−0,20	1,30	2,80	4,30
Cheque no conformado	Documento de pago que se emite para que el banco abone una determinada cantidad a una persona o empresa (nominativo), o al portador	Emisión rápida y sencilla. Descontable por el proveedor	Pérdida del dominio sobre el momento del cobro	No tiene fecha, se puede cobrar en cualquier momento					
Certificado bancario	Título valor adquirido al banco, quien lo avala y dicta los plazos de pago. Es más seguro que un cheque convencional. El proveedor puede descontarlo por un costo variable, inferior al del cheque	Se puede obtener descuento en el precio	Suele tener un costo o requiere un aval	−2,8	−1,3	−0,20	−0,20	−0,20	−0,20
Pagaré	Documento de pago realizado sobre talonarios bancarios. Hay una fecha de pago concreta. El proveedor puede descontarlo anticipadamente por un costo variable	No suele tener costo para el expedidor	Se pueden emitir pagos por encima del saldo disponible	−2,6	−1,1	0,20	1,70	3,20	4,70
Confirmación de pagos	El pago lo realiza el banco bajo solicitud y abre una línea de confirmación de pagos (confirming) hasta un importe. El proveedor puede descontarlo en cualquier momento a un costo menor que el del pagaré o cheque	Puede ofrecer un mayor descuento	Tiene costo	−2,6	−1,1	−0,40	1,10	2,60	4,10
Factoraje	El proveedor abre una línea con su banco para cederle el cobro de sus facturas, y es este quien las reclama. El proveedor podrá cobrarlas antes bajo un costo inferior al de otras formas de descuento	No tiene costo	El deudor tiene mucha fuerza jurídica en caso de reclamación	−2,8	−1,3	−0,20	1,30	2,80	4,30

¿Qué formatos de emisión de reportes se pueden emplear en logística?

La **emisión de pequeños reportes** o informes es muy habitual en todas las empresas. No existen formatos estandarizados en la mayoría de compañías, pero hay una serie de estándares que se repiten.

Solución

El más básico es el **informe o consulta en hoja de cálculo.** Consta de una o varias páginas con datos.

Su propósito es que el destinatario pueda trabajar mediante tablas dinámicas para que extraiga la información que necesita, pero no ofrece datos concluyentes. Es recomendable utilizarlo junto con la tabla dinámica.

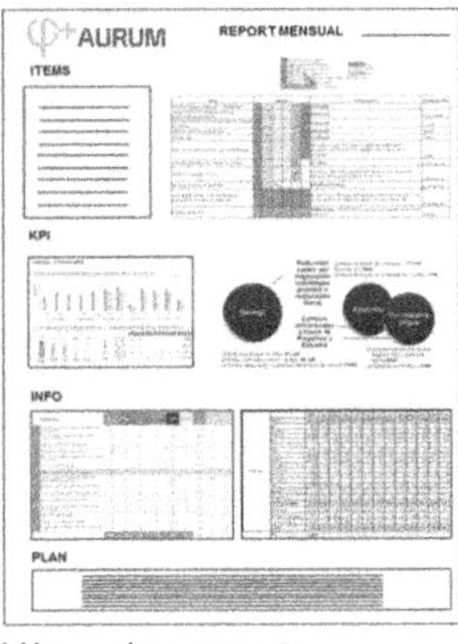

Véase el anexo a5.

El **reporte infográfico** es el más práctico a nivel mensual o semanal. Consiste en un documento (programa de tratamiento de texto e imágenes) en el que se exponen aspectos como:

- Estatus de las principales tareas y proyectos.
- Indicadores clave de rendimiento (KPI) y gráficos principales.
- Tablas con datos relevantes.
- Próximos pasos o acciones de interés.
- Incidencias y soluciones.

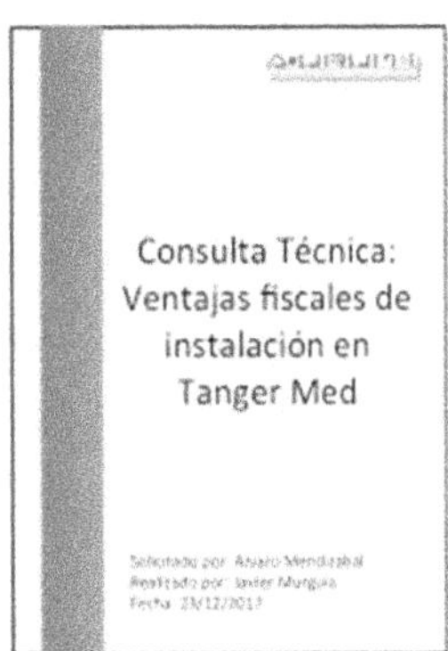

Véase el anexo a6.

El **reporte técnico** no evalúa cifras, resultados ni tareas. Su realización responde a una petición de información o consulta técnica sobre un tema sobre el que se requiera una cierta especialización.

El formato es variable y suele incluir:

- Motivo y solicitante de la consulta.
- Antecedentes y hechos relevantes.
- Desarrollo del informe.
- Conclusiones y recomendaciones.
- Anexos con datos de interés.

B

Innovación y gestión de proyectos

Innovar en logística

La logística tiene un peso relevante en las empresas, por lo que es un ámbito en el que siempre se trata de reducir costos. Cuando se llega a un punto en el que ya se han realizado cambios operativos y se han negociado las posibles opciones, todavía queda buscar otros caminos inexplorados mediante la **innovación**. Estos caminos se conocen como «océanos azules».

La innovación responde a la necesidad de supervivencia de las empresas y de los profesionales logísticos, pero no es sencilla. Requiere de un conocimiento sobre las técnicas, tácticas y estrategias de investigación y desarrollo (I+D), así como de la implementación de proyectos.

Por otro lado, la profesión logística suele caracterizarse por la escasez de tiempo y recursos de los que toda innovación requiere.

Ha de existir la voluntad de investigar, mejorar, implementar y reinventar en un entorno que acoja este proceso, lo potencie y esté dispuesto a asignar recursos económicos y humanos para hacerlo posible.

También se ha de estar dispuesto a hacer frente a entornos hostiles, que magnificarán los fallos en el proceso de mejora, e invitarán a dedicar esfuerzos a las acciones que proporcionen recursos tangibles en el día a día.

Este capítulo está dedicado a analizar cómo encauzar el trabajo para gestionar adecuadamente la innovación y los proyectos.

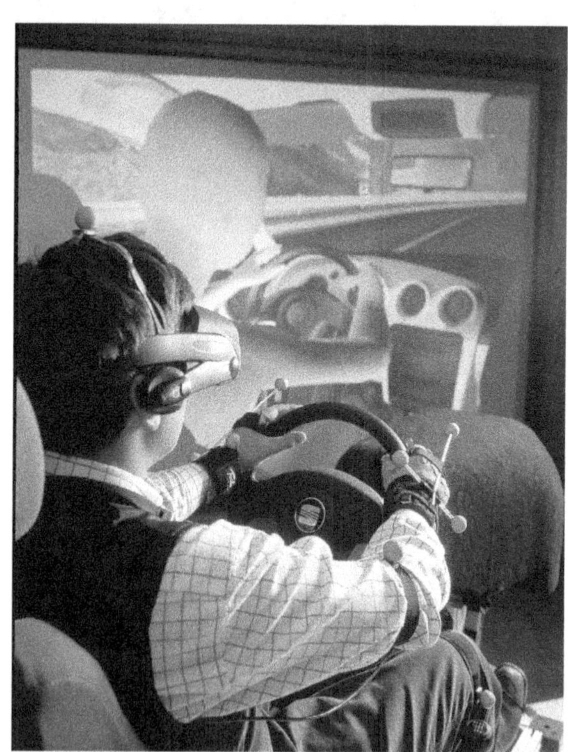

¿Qué campos de la innovación logística se pueden convertir en ventajas diferenciales?

La **innovación** no tiene unas reglas fijas ya que depende de cada empresa, sector o país, pero sí tiene unas tendencias comunes que conviene explorar y conocer.

La innovación se canaliza fundamentalmente a través de la mejora continua de los procesos y la mejora tecnológica de los elementos. La innovación en logística se desarrolla en el marco de tres grandes tendencias:

1 **Tecnologística:** el desarrollo de nuevas tecnologías en maquinaria, robótica, productos, materiales y estructuras y, particularmente, la automatización de la actividad logística, que redundará en su eficiencia.

- Automatización de la actividad productiva.
- Automóviles sin conductor.
- Nuevos materiales.
- Robótica.
- Internet de las cosas.
- Plantas de fabricación inteligentes.
- Redes y estructuras inteligentes.

2 **Entornos 2.0 y 3.0:** herramientas digitales aplicadas a las empresas para llevar la gestión a otros niveles.

- Uso de herramientas 2.0 y 3.0.
- Realidad aumentada y virtual.
- Integración clientes/proveedores.
- Desarrollo del transporte inteligente.

3 **Gestión del conocimiento:** acceso a técnicas, tácticas y estrategias, y al desarrollo de sistemas para gestionarlas y alcanzar el rendimiento óptimo.

- Estandarización de los conocimientos requeridos para el ejercicio profesional.
- Creación de bases de datos con mejores técnicas, tácticas y estrategias.
- Desarrollo de simuladores.
- Desarrollo de programas informáticos y gestión del conocimiento y la innovación.

La mayoría de las innovaciones son pequeñas modificaciones que suponen una evolución de algo existente.

Voidgard, dispositivo sintético de cargas más barato y rápido que la bolsa de aire.

Vehículo eléctrico Seur City para reparto urbano que permite llevar muchos más paquetes sin esfuerzo.

¿Cómo se organiza la innovación de productos en logística?

En un proceso logístico intervienen múltiples elementos: embalajes, útiles de manipulación, envases, etc. La innovación puede venir de los proveedores, pero en muchas ocasiones este proceso se realiza de manera colaborativa por parte de las empresas. En este caso hay que conocer qué pasos dar para **gestionar la innovación de un producto** como podría ser un nuevo embalaje, por ejemplo.

Proceso

Fases del proceso

1 **Se recopilan datos** actualizados sobre los riesgos (número de reclamaciones, accidentes, etc.) y se determinan los indicadores clave de rendimiento (KPI) para medir la situación. En el caso de tener acceso a datos sobre los ensayos que dieron lugar a estos productos, hay que reflejarlos.

2 **Se desarrollan alternativas,** se definen los objetivos que hay que conseguir, se determina el equipo responsable, se aplican herramientas de proceso creativo y se presentan las propuestas.

3 **Se validan las propuestas** mediante ensayos y análisis del impacto económico, operativo y comercial.

4 **Se planifica y se aborda la puesta en marcha** ejecutando el proceso, comunicando los cambios y revisando los resultados tras un tiempo.

AURUM

¿Qué es un cronograma y cómo se usa en un proyecto?

El **cronograma** o **diagrama de Gantt** es una herramienta utilizada en la **planificación de procesos.** Su función es desglosar las tareas que hay que realizar, las fechas, las personas responsables y otra información relevante.

Proceso

El cronograma es un guión que permite coordinar todas las partes de un proceso. Los hay muy sencillos, realizados mediante una hoja de cálculo, pero existen programas informáticos que permiten proyecciones más complejas, como desarrollar informes y valoraciones, por ejemplo.

En los grandes proyectos, la elaboración y la actualización de un cronograma son más complejas, pues dependen muchas veces de factores variables, como la llegada de materiales o la finalización a tiempo de las tareas que han de realizar otros departamentos. Para solventar posibles incidencias es recomendable seguir estos pasos:

1 Reunión inicial con todas las áreas afectadas para consensuar el cronograma y remitirlo a las personas involucradas.

2 Indicar qué acciones están supeditadas al tiempo o a terceras personas.

3 Tras iniciar las actuaciones, es necesario repasar el cronograma periódicamente, informando de cualquier variación (adelantos y retrasos) que pudiera afectar a otras partes y enviar el nuevo cronograma con su fecha de actualización.

4 En caso de graves retrasos, se deben convocar reuniones periódicas para establecer planes de acción y medidas para su resolución.

5 Se recomienda disponer del cronograma impreso en un lugar visible y en formato digital «en la nube», de manera que sea accesible desde puntos remotos.

6 Habitualmente es necesario disponer de informes sobre la situación del proceso.

N.º	Tarea	Responsable	Semana											
			12	13	14	15	16	17	18	19	20	21	30	40
1	Preparación de la solicitud de inversión	HGF	█											
2	Presentación de la solicitud de inversión	LCH		█										
3	Firma y envío del contrato al proveedor	LCH		█	█									
4	Selección de proveedores invitados y de datos	AMS			█									
5	Elaboración de la documentación *tender*	HGF			█	█								
6	Configuración y lanzamiento *tender*	LCH				█								
7	Resolución de dudas e incidencias	LCH					█	█						
8	Cierre de *tender* y presentación de los resultados de la tanda 1.ª	LCH							█					
9	Inicio de negociaciones de la tanda 2.ª con finalistas	CHU							█	█				
10	Asignaciones finales y comunicación	CHU									█			
11	Actuaciones para la puesta en marcha	LCH									█	█		
12	Valoración del seguimiento	CHL, AMS											█	█

¿Cómo presentar un plan de inversión para que la propuesta de innovación sea aprobada?

Toda innovación supone un costo y requiere un **plan de inversión** para que sea aprobada.

Solución

Para realizarlo se propone seguir el siguiente formato:

0 Título y encabezado

1 Detalles del proyecto
1.1 Descripción del proyecto.
1.2 Objetivos del proyecto.

2 Alternativas consideradas
2.1 Alternativas evaluadas.
2.2 Criterios de selección de alternativas.

3 Estudio económico
3.1 Hipótesis operativas para el cálculo de los **flujos de caja libre** y **valor residual.**
3.2 Flujos de caja libre.
3.3 Hipótesis financieras para el cálculo del **valor anual neto (VAN),** la **tasa interna de retorno (TIR)** y el **periodo medio de maduración** *(pay-back).*
3.4 Análisis de sensibilidad (en el caso de proyectos que conlleven la creación de una empresa).
  – Variable 1. ¿Qué otras alternativas al crear una empresa se han tenido en cuenta?
  – Variable 2. ¿Por qué la opción propuesta es la mejor?
  – Variable 3. Indicar el máximo riesgo de pérdida económica (incluidos los costos de cierre).
  – Conclusión.

4 Desglose de las partidas más significativas del proyecto por cuenta contable
5 Vida útil y calendario de amortizaciones
6 Calendario de pagos

Términos de ejecución

Inicio (mes / año)　　　Cierre (mes / año)

_______________　　_______________

Datos financieros[1]

TIR		%
VAN		€
Pay-back		Años

[1] Solo necesario para los segmentos 4, 5, 6 y 7

Documentación incluida

1. Detalles del proyecto ☐
2. Alternativas consideradas ☐
3. Estudio económico ☐
4. Desglose de partidas significativas ☐
5. Vida útil y calendario de amortización ☐
6. Calendario de pagos ☐

Otra documentación

_______________________ ☐
_______________________ ☐
_______________________ ☐

Desglose de las partidas más significativas del proyecto por cuenta contable.

¿Qué son los objetivos *smart* y cómo aplicarlos en logística?

Un factor clave para enfocar la innovación es **fijar objetivos.** La experiencia demuestra que los objetivos que se determinen han de reunir unos requisitos concretos. Si son imprecisos o insuficientes pueden ser la causa de muchos fracasos.

Proceso

Una de las técnicas más sencillas para establecer unos objetivos adecuados es hacerlo bajo la premisa *smart* (inteligente en inglés):

S	Específicos	Los objetivos deben ser concretos y no pueden dar lugar a dudas. Por ejemplo, conseguir un 3,5 % de reducción del precio de venta al público manteniendo el margen de beneficio.
M	Medibles	Han de ser medibles, tanto al inicio como a lo largo de todo el proceso. Es recomendable el uso de indicadores clave de rendimiento (KPI) (como 35,2 €/ud., por ejemplo).
A	Acordados	La responsabilidad de las partes que intervienen debe estar bien definida y todas tienen que estar de acuerdo y comprometidas con el objetivo.
R	Realistas	Han de ser asequibles siguiendo el plan que se trace. Por ejemplo, una mejora de la productividad de un 2,2 %.
T	Temporales	Se debe marcar una fecha o calendario con pasos e ítems concretos que se conocen y aceptan por las partes implicadas.

Los objetivos siempre deben figurar por escrito en los soportes documentales que se utilicen para impulsar un proyecto, como lo son, entre otros:

- El documento en donde se describan los objetivos personales de los participantes.
- El que utilicen los grupos de mejora.
- El propio dossier de presentación del proyecto.

¿Qué técnicas de creatividad se pueden emplear para innovar?

Las **técnicas de creatividad** son herramientas que fomentan el desarrollo de alternativas a productos o procesos, siguiendo las buenas prácticas que ya han demostrado su eficacia.

Ejemplos

1 El método *scamper,* elaborado por Bob Eberle, consiste en una reunión en la que se realizan diversas acciones sobre un producto para proponer alternativas existentes o inventadas. Tras realizar los pasos pertinentes, se presentan las mejores opciones.

2 Otro método es la **lista de atributos.** Es una creación de Robert P. Crawford en la que se llevan a cabo los siguientes pasos:

   1 Elegir un producto.
   2 Identificar sus componentes.
   3 Describir las funciones y los atributos de cada elemento.
   4 Separar los atributos esenciales de los accesorios.
   5 Identificar los atributos esenciales mejorables.
   6 Estudiar las posibles modificaciones de cada atributo.
   7 Estudiar las posibilidades del objeto en función de los cambios propuestos en cada parte.
   8 Seleccionar el nuevo objeto.

3 Otra técnica recomendable es el uso de **fichas 8D.** Consiste en analizar en profundidad las causas de los problemas y ofrecer ideas para solucionarlos.

4 Otra técnica es la **tormenta de ideas (ficha B8).**

Ejemplo de ficha 8D.
Véase el anexo b1.

S — **Sustituir:** analizar cada parte para plantear alternativas, cambiar sistemas, etc.

C — **Combinar:** realizar combinaciones con otras piezas, métodos de trabajo, etc.

A — **Adaptar:** implementar ideas que funcionan en otros modelos o áreas.

M — **Modificar:** cambiar ligeramente lo existente introduciendo variantes más eficaces.

P — **Proponer otros usos:** utilizar el embalaje de otra manera, cambiar la posición, la estiba, etc.

E — **Eliminar:** suprimir partes, reducirlas, sustituirlas por otras o compensar su función.

R — **Reordenar:** cambiar de lugar los elementos, invertirlos, etc.

AURUM

¿Qué es un taller de trabajo intensivo y cómo se organiza?

Un **taller de trabajo intensivo,** también conocido como *workshop,* es un grupo de trabajo interdisciplinar constituido para trabajar entre tres y cinco días con el fin de abordar posibles soluciones o mejoras ante un caso concreto. Por ejemplo, solucionar los problemas de paradas frecuentes en un proceso. Este tipo de taller se realiza usualmente en grandes compañías (especialmente en el sector de la automoción, donde suele haber departamentos dedicados a la organización).

Proceso

1 Gestionar una **solicitud** de taller de trabajo ante el departamento que corresponda (calidad, *kaizen*, etc.), indicando el tema, proponiendo participantes, etc.

2 Tras la aprobación, decidir la fecha y establecer el **equipo integrante,** compuesto por una persona encargada de organizarlo que no pertenezca al área afectada; un colaborador, que generalmente es el responsable de dicha área, encargado de proporcionar información y datos clave; y personas de distintas escalas y áreas, encargadas de analizar problemas o mejoras y de formalizar una propuesta.

3 Se realiza una **tormenta de ideas,** habitualmente con pizarras y otros elementos.

4 La **duración** puede ser de tres días, si es un tema específico, o de cinco, si es más amplio.

5 **Ejecución** del taller de trabajo:

A Presentar los motivos del taller y los pasos que se darán.

B Fijar los indicadores (KPI) de partida.

C Desglosar los procesos afectados e identificar los puntos mejorables.

D Emplear técnicas de mejora (Los 5 ¿por qué?, por ejemplo) y definir las posibles soluciones a los puntos identificados.

E Clasificar las acciones en un cuadrante que tenga en cuenta el impacto y la dificultad. Para ordenar su aplicación (tendrán preferencia aquellas que más impacto tengan y sean de menor dificultad).

F Implementar los primeros cambios y plasmar sus resultados en un nuevo cuadro de KPI con la situación previa y la posterior.

G Realizar un diario del taller con todas las acciones pendientes y los objetivos, indicando responsables y fechas de realización y revisión.

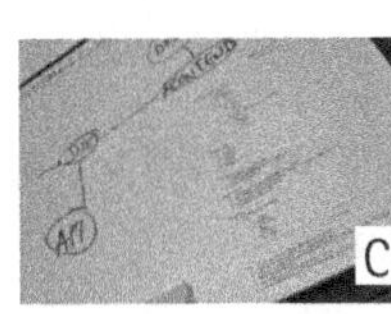

¿Qué es una tormenta de ideas y cómo se realiza?

La **tormenta de ideas** *(brainstorming)* es una herramienta de trabajo en grupo cuya finalidad es fomentar la creatividad y las propuestas sobre un tema concreto. Consiste en una reunión con diferentes personas, en la que se proponen todo tipo de soluciones, sin condicionar las propuestas a la crítica o a factores externos.

Proceso

Antes de la reunión se han de acordar la fecha de la misma, el propósito y los participantes.

Lugar

Se debe disponer de un lugar adecuado, evitar las interrupciones y procurar la comodidad y el bienestar de los participantes. Si se carece de un lugar con estas características, se puede acondicionar otra sala. Es útil disponer de proyector, papel, rotuladores, tarjetas autoadhesivas, pizarra, etc.

Ejecución

1 Presentar el objeto de la reunión para identificar los puntos de mejora.
2 Analizar los motivos con ayuda de herramientas de análisis (Los 5 ¿por qué?, 8D, etc.).
3 Examinar las soluciones previas a problemas similares.
4 Si se trata de un problema sobre un lugar físico, considerar el desplazamiento hasta él con la finalidad de consultar al personal y conocer sus opiniones y sugerencias.
5 Implementar técnicas de mejora de la creatividad (método scamper, diagrama de Ishikawa, etc.) y promover que los componentes expongan sus propuestas.
6 Que el coordinador exponga todas las propuestas anotadas por los participantes. Se pueden pegar notas en la pizarra con las ideas y leerlas en voz alta.
7 Valorar las ideas y propuestas de mejora hasta agotar el tiempo disponible.
8 Recopilar las ideas validadas por el grupo para su posterior gestión.

Las tormentas de ideas suelen formar parte de los **talleres de trabajo** o de las **reuniones** convencionales.

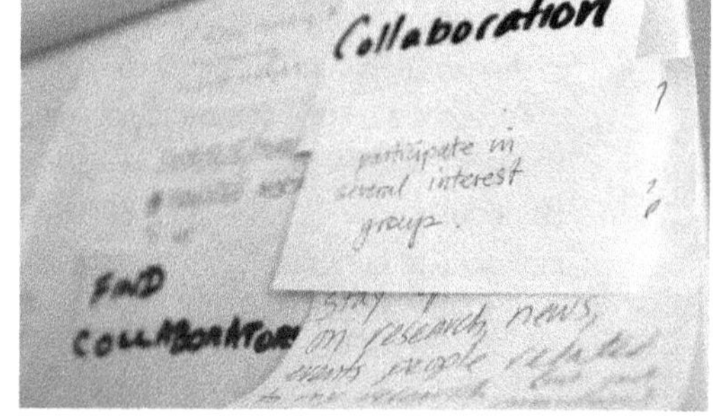

¿Qué herramientas 2.0 se pueden usar en una empresa?

Se denomina **herramientas 2.0** a todos aquellos lugares web en los que los usuarios pueden crear contenidos, relacionarse e interactuar dentro de los llamados **entornos colaborativos.** Algunos ejemplos son las redes sociales, las webs en las que se insertan videos e imágenes o las bases de datos compartidas.

Ejemplos

En las empresas pueden emplearse tanto aplicaciones para el uso diario, como lugares web específicamente diseñados para el entorno empresarial:

Tenders y bolsas de carga
Ticontract, Wtransnet, uShip, Teleroute, Timocom, Mercatrans.

Videoconferencias
Webex, Adobe, Connect, Skype, Hangout.

Almacenamiento en línea
Dropbox, Drive, SkyDrive, iCloud, Copy, Mega, Box.

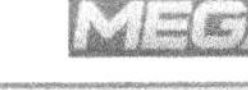

Seguimiento de buques y contenedores
Marine Traffic, FleetMon, Inttra, Localizatodo.

B2C y B2B
Logisnet, Alibaba, Solostocks, Direct Industry, Logismarket.

Redes profesionales
Linkedin, Viadeo, About.me, Xing, Freelancer, Womenalia, dir&ge.

Transferencia de archivos
Wetransfer, Dropsend, Beamit, Infinit, Plus Transfer, Files2U.

¿Qué es el internet de las cosas y cómo aplicarlo en logística?

Se llama **Internet de las cosas** (IoT, por sus siglas en inglés) a la red de conexión entre objetos y dispositivos, así como a los protocolos, las aplicaciones, los sensores y los dominios que los sustentan.

Estos elementos se conectan bajo diversos sistemas, pudiendo transmitir *inputs* que generan acciones programadas o de forma autónoma (inteligencia artificial).

Aplicaciones

1. Sensores en las unidades de carga que controlan su estado y situación.
2. Sensores en los contenedores para registrar vibraciones, golpes y otras eventualidades.
3. Detección de incidencias en cosechas para suministro mediante drones y sensores.
4. Interacción de robots autónomos con diferentes áreas mediante sensores.
5. Sensores de contaminación y clima.
6. Mercancía almacenada que transmite su posición y estatus.
7. Vehículos sin conductor que desempeñan tareas programadas.
8. Detección mediante sensores de materiales incompatibles (mercancías peligrosas, por ejemplo).
9. Fábricas que conectan con todos sus elementos para el control y la toma de decisiones.
10. Sensores en el agua y en terminales para el seguimiento de la actividad portuaria.
11. Carreteras inteligentes que actúan con señalética sobre parámetros.
12. Electrodomésticos que emiten órdenes de suministro al alcanzar determinados niveles.
13. Gestión inteligente del transporte en función de la información recibida.

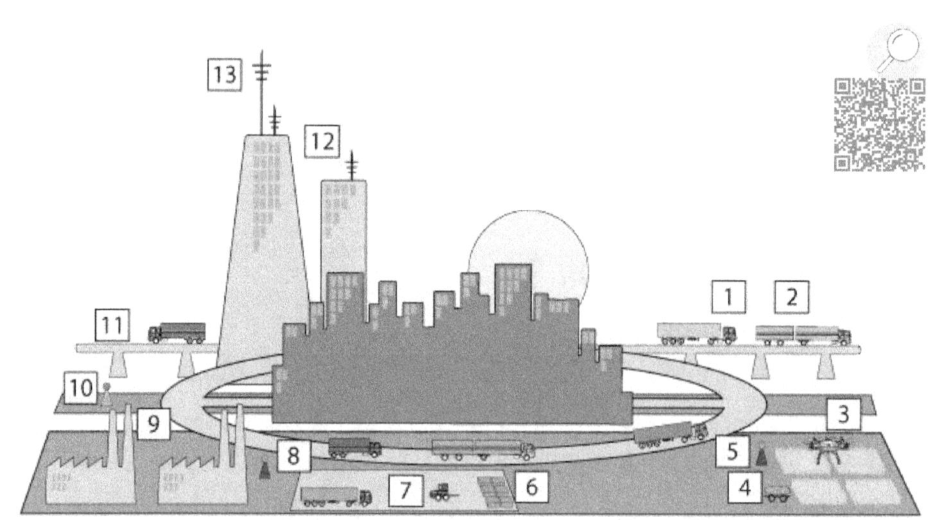

¿Qué son las gafas inteligentes y cómo aplicarlas en logística?

Las **gafas inteligentes** *(smartglasses)* consisten en una estructura que da soporte a un sistema informático que permite añadir información a aquello que ve quien las lleva puestas.

Tipología

1 **Gafas convencionales:** están dotadas de una luz que transmite información mediante el cambio de color. Pueden usarse para recibir avisos.
2 **Gafas de realidad virtual:** son totalmente opacas, con pantalla interior que permite simular un entorno 3D virtual. Se emplean para ver simulaciones de plantas o edificios, para aprender a manejar vehículos o como soporte en el diseño de proyectos, por ejemplo.
3 **Gafas de realidad aumentada:** son gafas transparentes con uno o dos cristales que pueden proyectar lo que se está grabando. Tienen muchos usos potenciales en logística:

- Selección visual: preparación de pedidos en almacén siguiendo las instrucciones de las gafas.
- Conexión por videoconferencia para solicitar ayuda con averías o para instrucciones.
- Conexión e interacción con los objetos y espacios del entorno mediante el Internet de las cosas.
- Uso en múltiples aplicaciones digitales de soporte y ayuda durante el trabajo.

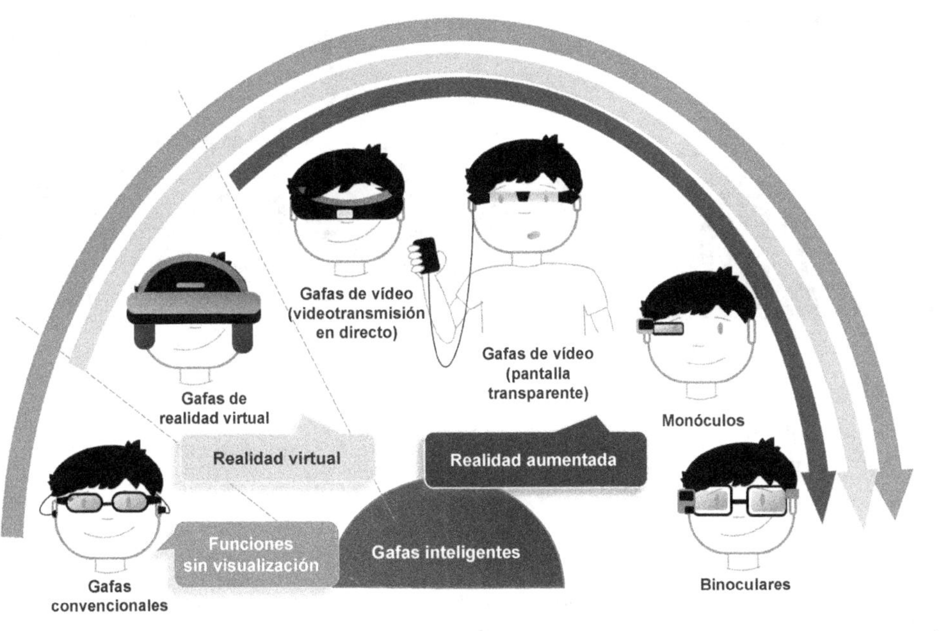

¿Qué es la realidad virtual y cómo aplicarla en logística?

La **realidad virtual (RV)** es una tecnología que genera y permite ver un entorno virtual tridimensional.

Este entorno virtual puede ejecutarse de dos maneras:

- **RV inmersiva:** mediante escenarios y gafas diseñadas para poder transmitir la posición. Este sistema es muy costoso.
- **RV no inmersiva:** mediante gafas o cascos opacos. Son muy comunes en los videojuegos y visitas virtuales. Este sistema es más económico.

Aplicaciones

La realidad virtual tiene numerosas aplicaciones en logística, en ámbitos como:

- Diseño de embalajes en 3D.
- Diseño de naves y disposición de almacenes.
- Diseño de vehículos de almacén y unidades de transporte intermodal.
- Diseño de elementos para la manipulación de cargas.
- Aprendizaje del manejo de carretillas, grúas, etc.
- Simulación y entrenamiento de operaciones específicas.
- Análisis de accidentes y siniestros.

RV inmersiva: cubo para visionado de realidad virtual (EON Reality).

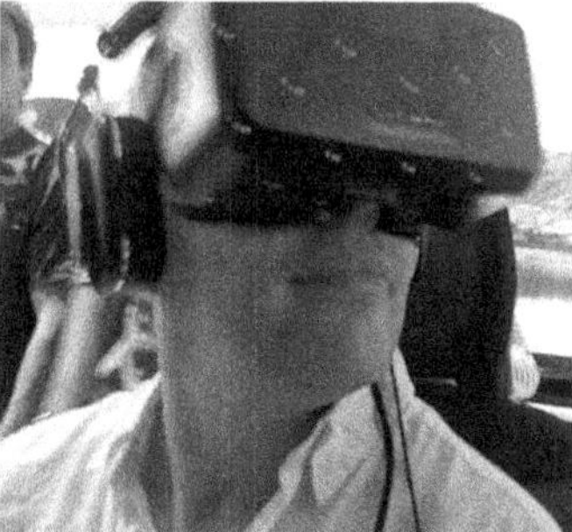

RV no inmersiva: oculus RIFT de Volvo.

El uso principal que se está dando a la realidad virtual en la logística es el apoyo al aprendizaje en la conducción de carretillas elevadoras o camiones. Al ser un aprendizaje totalmente inmersivo, los alumnos pueden experimentar todo tipo de situaciones a un costo muy inferior del que supondría la conducción real. Hay que sumar la ventaja de que, en este caso, tampoco hay posibles daños físicos.

¿Qué es la realidad aumentada y cómo aplicarla en logística?

La **realidad aumentada** es una tecnología que permite superponer objetos o información digital sobre la realidad mediante el uso de tabletas, teléfonos, gafas inteligentes y otros dispositivos de visualización.

Aplicaciones

Para crear aplicaciones de realidad aumentada es necesario emplear sistemas o programas especializados. Estas aplicaciones se pueden crear en la propia empresa o contratando a un equipo externo especializado.

Visualización de un objeto de realidad aumentada sobre un marcador desde una pantalla (tableta, teléfono o gafas inteligentes).

¿Qué son los sistemas de autocarga y descarga de vehículos? ¿Cuándo aplicarlos?

Son dispositivos que permiten realizar operaciones de carga y descarga de vehículos de manera autónoma y sin manipulación humana. También existen sistemas mixtos que combinan elementos tradicionales (carretillas elevadoras, grúas, etc.) y sistemas automáticos. Gracias a todos ellos, se pueden agrupar grandes cantidades de carga y reducir ampliamente sus movimientos mediante dispositivos especiales.

Aplicaciones

Para analizar si es aconsejable desde el punto de vista económico usar uno de estos sistemas es necesario realizar un **plan de inversión (ficha B4).**

Estas son algunas razones (independientes del factor económico) para emplearlos:

- Cargas muy largas que requieren de dispositivos especiales para la carga en contenedores.
- Tiempos muertos que pueden aprovecharse para ir preparando cargas antes de que llegue el vehículo de transporte.
- Horarios flexibles que requieren dejar preparadas las cargas por si los vehículos llegan cuando ya no haya cargadores.
- Almacenes automatizados que requieren gestionar sus cargas y descargas.
- Reducción de reclamaciones mediante técnicas de estiba solo aplicables con estos sistemas.

Plataforma de carga automática (Asnalog)

Sistema NALON N8 (Duro Felguera)

AURUM

¿Qué son las etiquetas inteligentes RFID? ¿Cómo aplicarlas en el almacén?

Las **etiquetas inteligentes RFID** (radio frequency identification data) se colocan sobre los objetos y son capaces de transmitir información vía radiofrecuencia a un receptor (lector o *handheld)* mediante uno o varios chips y antenas, que llevan incorporadas, cuando están en el rango de dicho receptor.

Tipología

- **Pasivas:** no necesitan alimentación. Son las más económicas y las más utilizadas. Tienen un radio de emisión muy pequeño (de 0,1 a 8 m). Para leerlas hay que usar un lector RFID de mano tipo PDA o *handheld* o disponer de portales (arcos o áreas de receptores) instalados en las zonas de paso, para saber cuándo una mercancía pasa a otro lugar.
- **Activas:** funcionan con baterías extraíbles y tienen un alcance mayor (hasta 500 m). Pueden almacenar y comunicar más información (grado de humedad, golpes, vibración, etc.). Son más costosas, pero son reutilizables y tienen una vida útil larga.
- **Semipasivas:** llevan también una pila para alimentar el chip pero no para la transmisión de la señal. Se activan con la energía del receptor.

Aplicaciones

1 Al entrar en el almacén se asignan etiquetas a los productos o a los embalajes.
2 Se pueden leer mediante antenas (receptores).
3 Se pueden leer al salir por un arco o portal.
4 Se pueden leer mediante dispositivos PDA o lectores situados en carretillas.
5 Toda la información se recibe automáticamente en el sistema de gestión, que mantiene el inventario permanentemente actualizado.

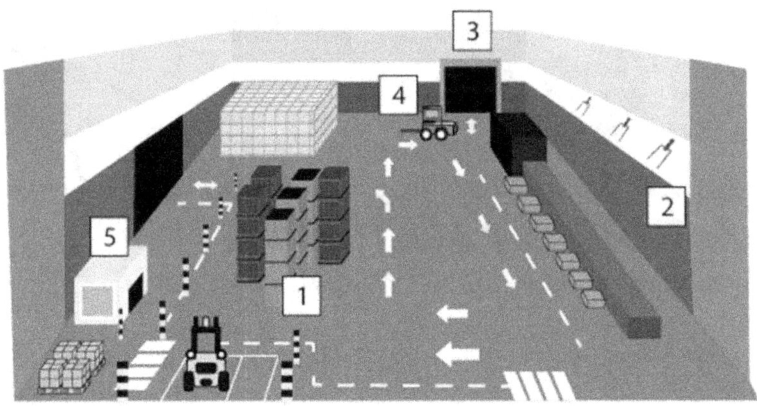

AURUM

¿Qué son los vehículos sin conductor y cuándo utilizarlos?

Se trata de vehículos que **pueden circular autónomamente sin conductor** *(driverless)*. Esta tecnología (AGV, LGV) se utiliza en los almacenes para traslados internos de productos.

Ejemplos

Para circular, se valen fundamentalmente de cuatro tipos de tecnología:

- **Filoguiado:** se desplazan mediante un hilo conductor instalado bajo el suelo.
- **Visión artificial:** un programa informático permite tomar decisiones.
- **Optoguiado:** se desplazan siguiendo unas tiras pintadas en el suelo.
- **Guiado láser:** se desplazan mediante el reflejo en espejos o fotocélulas.

En algunos países se están autorizando o están en fase de pruebas los vehículos sin conductor en carretera (camiones, coches), en aire (drones) o en mar (buques sin conductor). Para poder tomar una decisión sobre su aplicación, se deben seguir los pasos de la **ficha C10** y realizar una comparativa integral (total de costos) del sistema existente frente al vehículo sin conductor.

Algunos de los aspectos que hay que valorar para tomar una decisión son:

- Costos del vehículo.
- Costos de personal.
- Costos de reclamaciones.
- Accidentes.
- Flexibilidad.
- Ruido.
- Contaminación.
- Información.
- Vida útil.

Prototipo de camión Mercedes sin conductor.

EasyBots de Asti.

¿Qué aplicaciones informáticas usar en logística?

Las **aplicaciones informáticas (app)** son programas diseñados para dispositivos móviles inteligentes, tales como teléfonos, gafas, relojes o tabletas digitales.

Realizan una determinada labor (navegación, cálculo, acceso a redes sociales, etc.) de una manera más ágil y práctica que si se hiciera a través de internet, porque están diseñadas para el formato de visualización y las características del dispositivo en el que se instalan.

Ejemplos

Bolsas de carga

Sirven para ofertar o localizar cargas a través de empresas especializadas:

Wtransnet, Timocom, Teleroute, Schmitz Cargobull.

  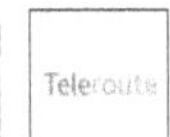 

Navegación y rutas

Permiten calcular rutas, conducir con la ayuda de navegadores o localizar direcciones:

Sygic truck, Vía Michelin, Truck GPS, PTV Navigator, Google Maps.

Información ADR

Dan acceso a fichas de seguridad, rutas e información sobre el transporte internacional de mercancías peligrosas por carretera:

Knorre, Rutas ADR Kemler, Mercancías, ADR Tunnels.

  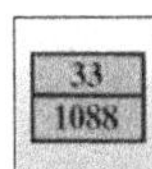 

Cálculo de estiba

Calculan la estiba necesaria para cada caso:

LoadAdvisor, Lashing Calculator, TYA, Trucker Helfer, Dolores, CargoWeight Calculator.

  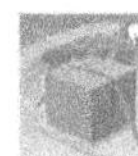

Comunicación

Sirven para enviar mensajes, realizar videoconferencias, comunicar órdenes o transferir archivos:

Whatsapp, Line, Messenger, Wetransfer, Send Anywhere.

Gasolineras y aparcamientos

Permiten localizar áreas de descanso para camiones, gasolineras o aparcamientos:

Transpark, Gasolineras baratas, Find Truck Services, Gasall, HGV Parking.

¿Cómo abordar la realización de un proyecto?

Un **proyecto** consiste en la planificación, ejecución y revisión de un conjunto de actuaciones, de manera particular y separada de la operativa diaria. La norma UNE-ISO 21500:2013 aborda cómo realizar su gestión.

Son proyectos, por ejemplo, la puesta en marcha de un nuevo almacén, el desarrollo de un nuevo embalaje, el cambio de los sistemas de planificación de los recursos empresariales (ERP) o la renovación de la flota. Todos conllevan múltiples actividades, como la planificación y fijación de objetivos, la configuración de equipos o la elaboración de presupuestos, y pueden organizarse según diversas técnicas, según sea la casuística del proyecto. Por ejemplo, no es lo mismo el desarrollo de un nuevo sistema de etiquetas que la construcción de una infraestructura logística.

Ejemplo

Propuesta de una técnica con cinco **fases de realización** que se desarrollan de la ficha B19 a la B23:

1 Inicio y diseño
2 Planificación
3 Implementación
4 Control
5 Cierre

Los proyectos suelen estar dirigidos por una persona que actúa como responsable o líder del proyecto. Se nombra a uno o varios equipos específicos para su realización y se reservan recursos humanos, recursos económicos, tiempo y todo lo que se prevea necesario para su desarrollo. Cada proyecto se identifica con una denominación que lo distinga de cualquier otro.

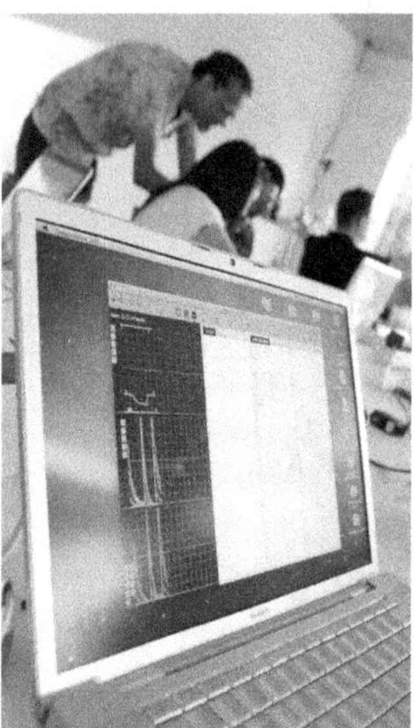

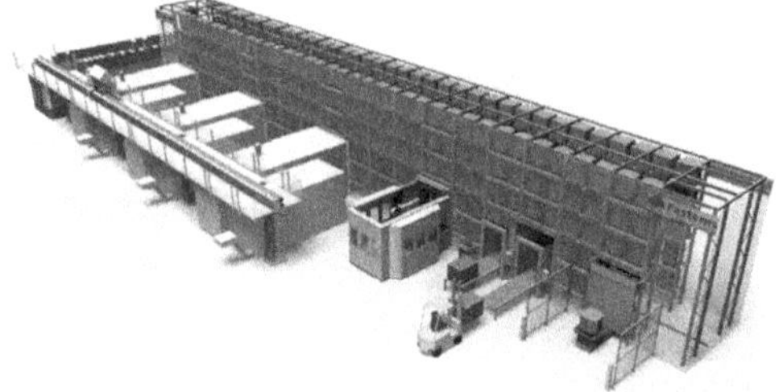

¿Cómo realizar el diseño de un proyecto logístico?

1 Inicio y diseño

Tras la recogida de datos y las conversaciones previas se puede **iniciar** el proyecto.

Objetivos de esta fase:

1 Fijar los objetivos.
2 Elegir la mejor opción para alcanzarlos.
3 Autorizar su arranque y nombrar el equipo responsable.

Proceso

Atendiendo a las particularidades y los requerimientos de cada área, se debe seguir el siguiente proceso:

1 Los responsables del proyecto deben definir los **objetivos *smart* (ficha B5)**.
2 Realizar una **presentación** en la que se aporten:

- Antecedentes, motivaciones y objetivos.
- Propuesta y detalles del diseño del proyecto.
- Resultados cuantitativos y cualitativos que se esperan conseguir.
- Plan de inversión **(ficha B4)** que contenga:

  - Las alternativas consideradas.
  - El estudio económico.
  - El desglose de las partidas significativas.
  - La vida útil y el calendario de amortización.
  - El calendario de pagos.

- Indicadores clave de rendimiento (KPI) y formas de medición.
- Borrador de la planificación general del proyecto.
- Otros datos de interés (normativa, impacto externo e interno, factores que se han de considerar, etc.).

Antes de presentar un proyecto, es necesario:

1 Consultar a las partes implicadas para conocer posibles dudas y reticencias.
2 Conseguir apoyos para ir a la reunión con una propuesta consistente.
3 Preparar una presentación atractiva, que sea concisa, clara, sencilla y que cuantifique costos y beneficios.

¿Cómo planificar un proyecto logístico?

 **2 Planificación**

En la fase de **planificación** deben identificarse todas las tareas implicadas, quiénes son los responsables, los plazos y los recursos para poder llevar a cabo el proyecto.

Objetivos de esta fase:

1 Realizar la lista de tareas, responsables, plazos y costos.
2 Desarrollar la planificación de costos, plazos y parámetros que permita optimizar la productividad.

Proceso

Llevar a cabo una adecuada planificación requiere de un medio para poder representarla. La herramienta más usada para este propósito es el **cronograma (ficha B3).**

Esto se puede hacer mediante una simple tabla en una hoja de cálculo o con utilidades de proyectación específicas.

El proceso que hay que seguir es:

1 Ordenar los objetivos en áreas.
2 Desglosar las tareas de cada área, ordenándolas cronológicamente en fases.
3 Indicar posibles dependencias entre tareas.
4 Calcular y señalar los tiempos límite.
5 Nombrar los responsables de ejecutar, supervisar y apoyar en cada punto.
6 Establecer el presupuesto para cada objetivo.
7 Optimizar la productividad mediante la reducción de tiempos muertos, técnicas de negociación con proveedores, etc.
8 Formar y preparar al personal y a las empresas implicadas.

¿Cómo implementar un proyecto logístico?

3 Implementación

La **implementación** es la ejecución práctica del proyecto. Aborda aspectos como la coordinación de los recursos, la corrección y solución de problemas o el seguimiento económico.

Objetivos de esta fase:

1 Ejecutar las tareas establecidas en el marco de los costos, plazos y parámetros planificados.
2 Alcanzar los objetivos fijados haciendo frente a dificultades o imprevistos posibles.

Proceso

La implementación se alcanza mediante la puesta en marcha de diversas tipologías de recursos:

1 Coordinación de recursos humanos

- Definición y comunicación del sistema de organización.
- Ejecución física de las actividades.
- Corrección y solución de problemas.

2 Ejecución de la coordinación de recursos técnicos

- Comunicar el plan de suministro o puesta en marcha de los recursos técnicos (recursos materiales, autorizaciones, etc.).
- Comprobar que los recursos funcionan correctamente.
- Coordinar los suministros necesarios para el funcionamiento de los recursos (combustible o electricidad, por ejemplo).

3 Ejecución de la coordinación de recursos económicos

- Emisión de las órdenes de compra y pago.
- Control de los cobros y pagos de acuerdo con el presupuesto.
- Corrección de las desviaciones mediante planes específicos.
- Presentación de resultados según los objetivos propuestos.

¿Cómo se ejecutan los procesos de control en un proyecto logístico?

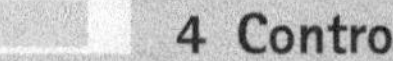

4 Control

En la fase de implementación se sigue un control de la actividad. Sin embargo, hay otra fase de **control y validación** que llevan a cabo las personas que supervisan este proceso, no las responsables de la ejecución.

Objetivos de esta fase:

1 Analizar el estatus de la implementación, el de sus costos y el cumplimiento de los objetivos.
2 Aprobar o denegar las autorizaciones y variaciones solicitadas sobre el proyecto.

Proceso

Aunque no haya un camino prefijado para la supervisión, ya que cada empresa puede seguir organigramas y procedimientos internos diferentes, sí que pueden aplicarse unas pautas generales en distintos campos:

1 Establecer y comunicar las formas, los periodos y los contenidos de la supervisión.
2 Elaborar las presentaciones de:

- Control sobre la ejecución de las tareas.
- Control sobre los gastos realizados frente al presupuesto.
- Incidencias y contratiempos.

3 Propuestas y solicitudes.
4 Peticiones y reprogramaciones de los supervisores.
5 Presentación de la nueva hoja de ruta al personal implicado. Se acostumbra a hacer en tablones físicos situados en las zonas de ejecución donde los equipos de trabajo se reúnen para realizar el seguimiento habitual.

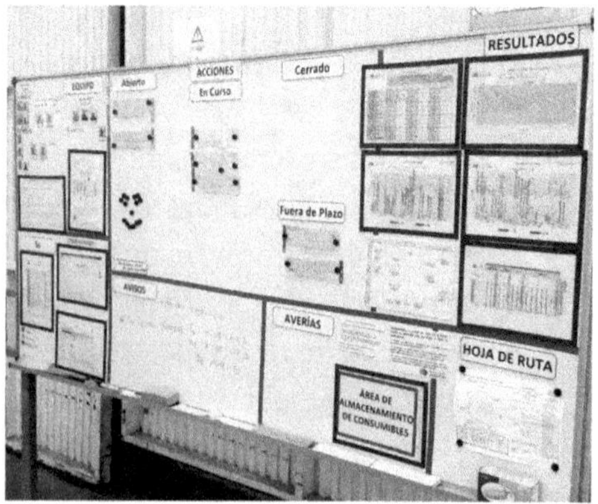

¿Qué procesos intervienen en el cierre de proyectos logísticos?

5 Cierre

En la fase de **cierre** se comprueba que se han cumplido las premisas (de acuerdo con los objetivos establecidos en los puntos *smart)* para poder dar por concluido el proyecto.

Objetivos de esta fase:

1 Verificar que se han cumplido los indicadores definidos para dar por concluido el proyecto.
2 Establecer las posibles actuaciones para cerrar el proyecto y comunicar los cambios a las partes afectadas.
3 Establecer los criterios de supervisión futura sobre el resultado conseguido.

Proceso

1 Realizar una recogida de datos y presentar los resultados alcanzados al equipo supervisor o a la persona responsable.
2 Si es un proyecto físico (una obra, un embalaje, una nueva operativa, etc.), es recomendable organizar una visita al emplazamiento.
3 Exponer los pasos (comunicación, cambios necesarios para su uso cotidiano, etc.) para aprobar y ejecutar el proyecto.
4 Cerrar contablemente el proyecto.
5 Definir la periodificación y las actuaciones que hay que realizar para revisar los resultados y el estatus del objeto del proyecto, introduciendo elementos correctores si surgen contratiempos.

C

Planificación industrial y gestión de existencias

La planificación industrial

Se suele decir que la planificación es la piedra angular de la logística, pero solo si lo planificado se desarrolla mediante una gestión logística adecuada es posible coordinar toda la cadena de suministro: el aprovisionamiento de materia prima, el almacenamiento, el suministro a la línea de producción o la entrega de productos terminados en la fecha y la hora previstas.

Para poder coordinar correctamente hay que dominar, entre otros, dos campos básicos: la planificación industrial y la gestión de existencias.

Consecuencias de una planificación industrial deficiente

No dominar este campo implica la descoordinación entre las distintas etapas del proceso que va desde el suministro de materia prima hasta su producción, lo cual puede generar:

- Retrasos en el suministro de materia prima y paradas en la cadena de producción.
- Problemas de exceso de existencias.
- Obsolescencia en las materias primas.
- Pérdida de clientes y sobrecostos por retrasos en la entrega.
- Pérdida de competitividad por no optimizar la cadena de suministro.

Recursos para la gestión de existencias

Hay dos formas básicas de realizar una gestión de existencias adecuada:

- La gestión con ayuda de hojas de cálculo externas al programa de gestión de la empresa (ERP).
- La gestión integrada dentro del programa de gestión de la empresa.

En general, las pequeñas y medianas empresas tienden a trabajar bajo la primera premisa y las grandes empresas bajo la segunda. Es fundamental, en cualquier caso, conocer esta disciplina para poder decidir las fórmulas que se deben aplicar en la configuración de cualquiera de las herramientas que se empleen.

¿Qué actividades se deben gestionar en la planificación industrial?

La **planificación de la producción** es un proceso en el que intervienen un conjunto de técnicas destinadas a optimizar la productividad, ajustarse a la demanda y organizar la asignación y coordinación de los medios necesarios (personas, materiales y recursos) para lograrla. Puede estar integrada en los departamentos de logística.

Proceso

El proceso de planificación de la producción consiste en:

1 Control y gestión de las existencias (inventarios).

2 Realización del plan maestro de la producción (PMP) que especifique las cantidades y los plazos de la fabricación y los pedidos que se han de servir.

3 Lista de materiales (BOM, siglas de *bill of materials)* necesarios para la fabricación.

4 Sistema de programación de los materiales o MRP I *(materials requirements planning)* que hay que comprar y suministrar.

5 Planificación de las capacidades de producción agregadas.

6 Elaboración de la planificación agregada a la producción, una herramienta que optimiza la capacidad productiva unificando todo a una medida común y coordinando las existencias, los recursos disponibles y la demanda.

7 Control de la producción, verificando el cumplimiento o reprogramando en caso contrario.

8 Planificación de recursos de fabricación o MRP II *(manufacturing resources planning)* para programar el cumplimiento del PMP.

9 Plazo de servicio y control del cumplimiento.

10 Análisis de la demanda para introducir elementos predictivos.

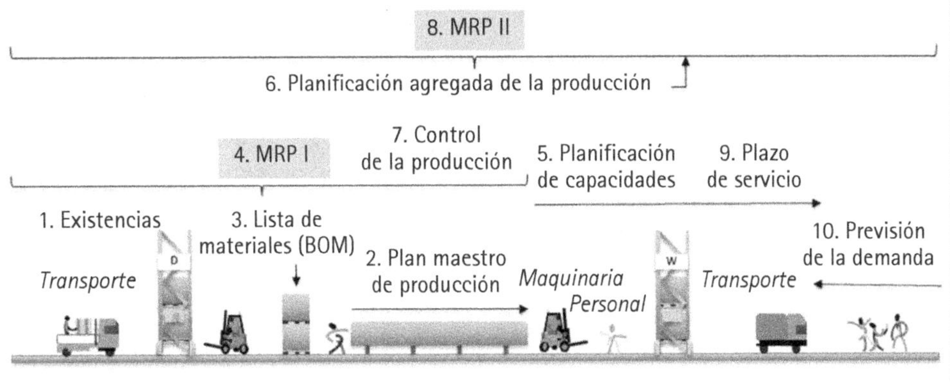

¿Qué es el control y la gestión de existencias?

Se denomina **existencias, *stocks*** o **inventario** a los productos que pertenecen a una empresa en un momento o periodo de tiempo determinado, ya sean materias primas, productos acabados o semielaborados.

El **control y la gestión de existencias** es un área de la planificación industrial. Se ocupa de la optimización de los niveles, el control, la valoración y el recuento de existencias, así como de la gestión de la información (básica para el desarrollo del plan maestro de producción [PMP]).

Aplicaciones

- Consumo total anual.
- Lote económico.
- Número de pedidos anuales.

- Punto de pedido.
- Costo de la adquisición anual.
- Cobertura temporal.

Las existencias se pueden identificar y clasificar por su velocidad de rotación, su ubicación o su valor, por ejemplo:

- En almacén propio.
- En punto de venta.
- De seguridad.
- Volumen medio.
- De ciclo.

- Estacionales.
- En tránsito.
- De recuperación.
- En producción.
- En proveedor.

Clasificación de las existencias en función de su ubicación:

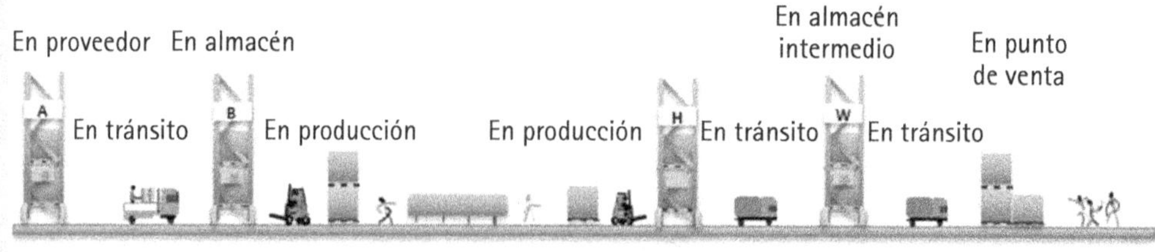

¿Cómo se calcula el consumo anual?

Se denomina **consumo anual** o demanda esperada a la cantidad de existencias de un producto que se prevé que absorba una planta durante todos los días laborables del año.

Su cálculo es relativamente sencillo y puede hacerse previamente para realizar las previsiones y planificaciones necesarias, o bien posteriormente para fines de control o estadística.

Solución

Se toma el **consumo medio diario (s)** durante un periodo y se multiplica por el número de **días laborables (DL)**:

Ítem	Símbolo	Factores	Descripción	Fórmula	Fórmula (hoja de cálculo)	ud.
Consumo anual (demanda prevista)	D	s	Consumo diario	$D = s \times DL$	$= s*DL$	ud.
		DL	Días laborales			

Caso 1

En condiciones estándar se aplica de la siguiente manera:

- El consumo diario de una planta de producción ha sido de 237 ud./día.
- En el próximo año 222 días serán laborables.
- Solución: $D = 237 \times 222 = 52.614$ ud.

Caso 2

Cálculo del porcentaje de variación según las siguientes condiciones:

- El consumo diario del año anterior en una planta ha sido de 348 ud./día.
- El próximo año hay 234 días laborables.
- El departamento comercial prevé un incremento en las ventas de un 3 %.

Este enfoque parte de la base de que el consumo es previsible y constante. Por lo tanto, si no se quiere usar la vía probabilística, se puede aplicar la fórmula convencional y multiplicarla por el porcentaje de variación **(ficha A1)**.

$$D = s \times DL \times \% \text{ variación}$$

- Solución: $D = 348 \times 234 \times 103\,\% = 83.874$ ud.

La mayoría de sistemas de gestión corporativa o ERP *(enterprise ressource planning)* cuentan con módulos avanzados para la planificación de existencias. Un ejemplo es el sistema SAP.

¿Cómo se calcula el costo anual de adquisición?

El **costo de adquisición de una unidad** incluye todos los gastos que la empresa considere que afectan al costo final de cada producto, como son el precio de compra, el transporte y las manipulaciones hasta el punto de almacenaje, por ejemplo.

Solución

El **costo anual de adquisición** tiene en cuenta el **costo unitario** y la **demanda prevista**, ya que cuanto mayor sea esta, mayor será el primero. Su fórmula consiste en multiplicar ambos factores:

Ítem	Símbolo	Factores	Descripción	Fórmula	Fórmula (hoja de cálculo)	Valor ud.
Costo anual de adquisición	K_A	C_A	Costo individual de adquisición de una unidad	$K_A = C_A \times D$	$= C_A{}^*D$	€
		D	Demanda prevista			

Caso

- Una fábrica de automoción establece un programa de producción nivelada por el que todos los días producirá (s) 53 automóviles de un solo modelo y color.

- Se espera fabricar durante (DL) 339 días.
- El costo de adquisición unitario (C_A) es de 77,23 €/ud.
- ¿Cuál será el costo anual de adquisición?

  Cálculo:

  1 Para ver la demanda:

  $D = s \times DL$ **(ficha C3).**
  D = 53 ud. × 339 días = 17.967 ud.

  2 Se aplica la fórmula.

- Solución: KA = 77,23 € × 17.967 ud. = 1.387.591,4 €.

¿Cómo se calcula el costo anual de lanzamiento?

El **costo individual de lanzamiento** se obtiene dividiendo todos los costos relacionados (costo de instalaciones, personal implicado, gastos de energía, etc.) entre las unidades lanzadas. En cada caso es diferente.

El **costo anual de lanzamiento** se obtiene según el costo que tiene lanzar todos los pedidos sobre la base del costo unitario de lanzamiento, la frecuencia y el número de pedidos realizados.

Solución

La fórmula para su cálculo incluye el **costo de lanzamiento de una unidad,** la **demanda** y el **tamaño del pedido.** Cuanto mayor sea el lote menor será el número de lanzamientos y el costo.

Ítem	Símbolo	Factores	Descripción	Fórmula	Fórmula (hoja de cálculo)	Valor ud.
Costo anual de lanzamiento	K_L	C_L	Costo de lanzamiento de un pedido por unidad	$K_L = C_L \times \dfrac{D_{a\text{-}b}}{Q}$	$= C_L{}^*(D_{a\text{-}b}/Q)$	€
		Q	Tamaño del pedido (lote económico)			
		$D_{a\text{-}b}$	Demanda esperada durante el periodo a-b			

Caso

- Se está preparando el presupuesto de ventas y fijando los precios del próximo año y es necesario saber cuál es el costo anual de lanzamiento de unos sofás.
- El costo de lanzamiento de cada sofá (C_L): 213,58 €.
- Consumo anual (demanda prevista o $D_{a\text{-}b}$): 9.717 ud.
- Tamaño del pedido (Q): 5 ud.[1]
- Solución:
  Costo anual de lanzamiento:
  $K_L = 213,58 \times (9.717 / 5) = 415.071,37$ €.

[1] El cálculo del lote económico se analiza en la **ficha C8.** Se adelanta aquí para facilitar la resolución del problema. Si lo que se hace es una estimación del costo anual de lanzamiento para el próximo año, hay que recalcular el lote económico sobre sus datos.

AURUM

¿Cómo se calcula el costo anual de posesión?

El **costo individual de posesión** es el costo que tiene cada empresa por mantener una unidad en su inventario. Como en casos anteriores, debe calcularse internamente dividiendo el total de costos de mantenimiento de los *stocks* entre las unidades que forman parte del inventario durante un periodo.

Solución

El **costo anual de posesión** tiene en cuenta el **costo unitario de posesión** y el **tamaño del pedido** o **lote económico**. A mayor tamaño de este, mayor costo anual de posesión:

Ítem	Símbolo	Factores	Descripción	Fórmula	Fórmula (hoja de cálculo)	Valor ud.
Costo anual de posesión	K_P	Q	Tamaño de pedido (lote, por ejemplo)	$K_P = C_P \times \dfrac{Q}{2}$	$= C_P{}^*(Q/2)$	€
		C_P	Costo individual de posesión			

Caso

- Se encarga un estudio de costos de posesión previendo un 40 % menos de *stocks*.
- Datos actuales:

  - Costo de posesión por ud. (C_p): 330 €/ud.
  - Tamaño de pedido (Q): 127 ud.

- Estimación para un volumen un 40 % menor:

  - Costo de posesión por ud. (C_p): 440 €/ud.
  - Tamaño de pedido (Q): 76 ud.

- Solución:

  a) Costo actual K_P = 330 € (127 / 2) = 20.955 €.
  b) Costo previsto K_P = 440 € (76 / 2) = 16.720 €.

¿Cómo se calcula el *stock* medio?

El *stock* medio es el promedio de productos que hay en inventario durante un periodo de tiempo concreto. Su cálculo puede realizarse de varias formas en función de la casuística.

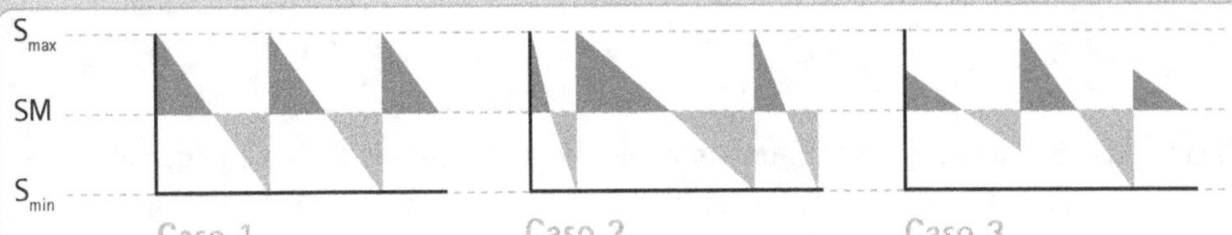

Solución

Ítem	Símbolo	Factores	Descripción	Fórmula	Fórmula (hoja de cálculo)	ud.
1 *Stock* medio en cantidades iguales y fechas fijas	SM1	Q	Tamaño del pedido (puede ser el lote económico)	$SM = \dfrac{Q}{2}$	$= (Q / 2)$	ud.
2 *Stock* medio en cantidades y fechas variables	SM2	S_{max}	Tamaño del pedido (puede ser el lote económico)	$SM = \dfrac{\Sigma (S_{max} + S_{min}) * t_a}{2DL}$	$= (\Sigma (S_{max} + S_{min}) * t_a) / 2DL$	ud.
		S_{min}	*Stock* mínimo en ud.			
		DL	Días laborables			
		t_a	Plazo de aprovisionamiento			
3 *Stock* medio en cantidades variables y fechas fijas	SM3	S_{max}	*Stock* máximo en ud.	$SM = \dfrac{\Sigma (S_{max} + S_{min})}{2n}$	$= \Sigma (S_{max} + S_{min}) / 2n$	ud.
		S_{min}	*Stock* mínimo en ud.			
		n	Ciclos de aprovisionamiento			

Ejemplo

Caso 1

$Q = 346$ ud.
$SM = Q / 2$.
$SM = 346 / 2 = 173$ ud.

Caso 2

$S_{max} = 300$ ud.
$S_{min} = 100$ ud.
$n = 46$ ciclos.
$SM = (\Sigma (300 + 100) / 2 \times 46 = 301,08$ ud.

Caso 3

$S_{max} = 346$ ud.
$S_{min} = 176$ ud.
$DL = 234$ días.
$T_a = 9$ días.
$SM = (\Sigma (S_{max} + S_{min}) \times t_a) / 2DL$.
$SM = (\Sigma (348 + 176) \times 9) / 2 \times 234 = 10,07$ ud.

AURUM

¿Cómo se calcula el lote económico?

El **lote económico de producción,** también conocido como EPQ *(economic production quantity),* es el lote de producción óptimo para un solo producto.

Solución

En el cálculo del lote económico entran múltiples factores como el **costo de adquisición** (incluyendo el transporte), el **consumo anual** o el **costo de almacenamiento.** Para su cálculo se utiliza la fórmula de Harrys-Wilson, que introdujo este concepto en 1934:

Ítem	Símbolo	Factores	Descripción	Fórmula	Fórmula (hoja de cálculo)	ud.
Lote económico	Q	C_a	Costo de adquisición por unidad	$Q = \sqrt{\dfrac{2C_a{*}D}{uT}}$	= RAIZ((2C_a*D)/uT)	ud.
		D	Demanda esperada			
		uT	Costo de almacenamiento por unidad			

Ejemplo

Una empresa tiene que planificar el tamaño del lote óptimo para planificar su transporte.

Datos:

C_a = 487 €/ud.
s = 347 ud./día.
DL = 222 días.
uT = 34,5 €/ud.

Solución:

D = s × DL.
D = 347 × 222 = 77.034 ud.

Q = RAIZ((2C_a × D)/uT).
Q = RAIZ([2 × 487 × 77.034]/34,5) = 1.274 ud.

- Cuando se calcula el lote económico generalmente se redondea para obtener embalajes completos y evitar que queden piezas sueltas.

- El tamaño de lote por embalaje es otra medida importante que hay que definir en la planificación industrial. Influye en el número de embalajes, el tamaño del pedido, el valor de las existencias almacenadas o el número de operaciones de suministro a la cadena de producción, entre otros aspectos.

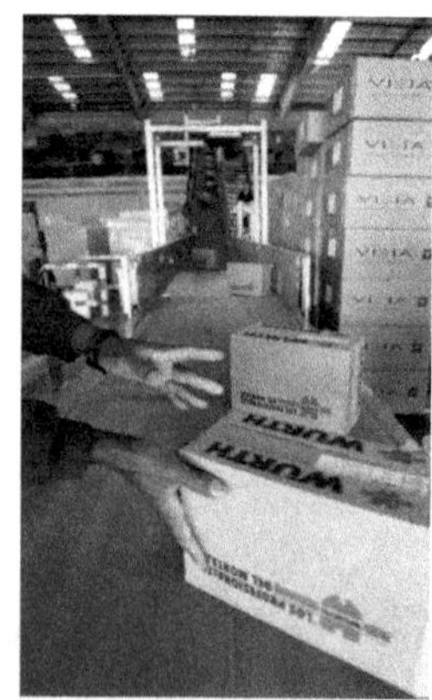

¿Cómo se calcula el número de pedidos anual?

Para planificar el transporte es necesario prever cuál será el número de envíos. Este es un dato importante para elaborar el presupuesto anual **(ficha A1)**, el control de ahorros **(ficha A6)** y la propia planificación de la actividad a corto plazo.

Solución

Es necesario conocer cuál será el **número de pedidos anual,** que se obtiene a través de los datos sobre el **consumo diario (ficha B4)** y sobre el **lote económico (ficha B10).** Hay que aplicar la siguiente fórmula:

Ítem	Símbolo	Factores	Descripción	Fórmula	Fórmula (hoja de cálculo)	ud.
Número de pedidos anual	N_{pe}	s	Consumo diario	$N_{pe} = \dfrac{s \times DL}{Q}$	= (s*DL) / Q	ud.
		DL	Días laborables			
		Q	Lote económico			

Ejemplo

Datos:

S = 347 ud./día.
DL = 222 días.
uT = 34,5 €/ud.
Q = 1.274 ud.

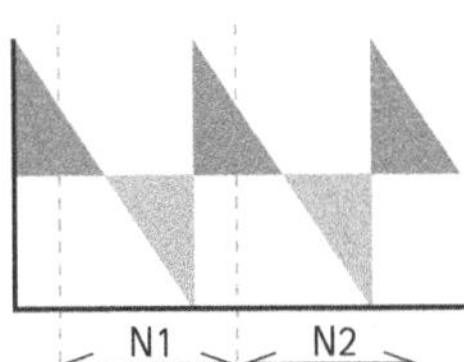

Solución:

N_{pe} = (347 × 222) / 1.274 = 60,46 pedidos.
Frecuencia = 222 días / 0,46 pedidos = 3,6 días.
Cada 3,6 días se servirá un pedido de 1.274 ud.

¿Cómo se calcula el punto de pedido?

El **punto de pedido** es uno de los cálculos clave que hay que realizar en la planificación y consiste en identificar el nivel de *stocks* en el que hay que realizar un nuevo **pedido de aprovisionamiento.**

En la práctica, su cálculo puede complicarse porque existan periodos vacacionales, problemas con algún proveedor, disminuciones en la producción, ventas distintas a las previstas o roturas de *stock*, por ejemplo.

Solución

Para perfeccionar el punto de pedido hay que contar con un ***stock* de seguridad** idóneo y vigilar sistemáticamente si las circunstancias cambian y obligan a aplicar otro tipo de modelo. Esta es la fórmula para calcularlo:

Ítem	Símbolo	Factores	Descripción	Fórmula	Fórmula (hoja de cálculo)	ud.
Punto de pedido	PP	s	Consumo diario/ demanda media	$PP = (s \times t_a) + SS$	$= (s{*}t_a) + SS$	ud.
		t_a	Plazo de aprovisionamiento			
		SS	*Stock* de seguridad			

Ejemplo

Datos:

s = 200 ud./día.
t_a = 10 días.
SS = 142 ud.

¿Cuál sería el punto de pedido?

Solución:

$PP = (200 \times 10) + 367 = 2.142$ ud.

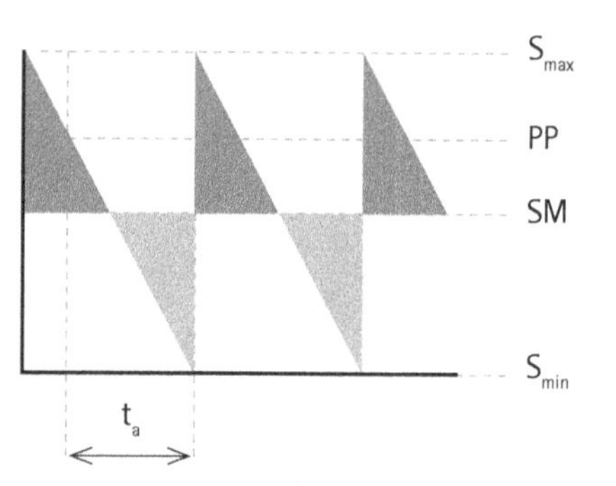

¿Cómo se calcula la cobertura de los *stocks?*

La **cobertura de *stocks*** indica el número de días en los que el volumen de existencias podría cubrir el consumo o la demanda. Para su cálculo es posible aplicar dos fórmulas.

Solución

La **cobertura de *stock* media** consiste en dividir el *stock* medio **(ficha C7)** entre el consumo medio diario **(ficha C3)**.

Ítem	Símbolo	Factores	Descripción	Fórmula	Fórmula (hoja de cálculo)	ud.
Cobertura de *stock* media	C_m	SM	*Stock* medio en unidades	$C_m = \dfrac{SM}{s}$	= SM/s	Días
		s	Consumo diario			

Por otro lado, se puede calcular la **cobertura de *stock* en un momento puntual.** Esta se obtiene de dividir el *stock* de ciclo existente **(ficha C13)** en un momento concreto entre el consumo previsto para un periodo determinado.

Ítem	Símbolo	Factores	Descripción	Fórmula	Fórmula (hoja de cálculo)	ud.
Cobertura de *stock* durante periodo a–b	$C_{(a-b)}$	S_c	*Stock* de ciclo actual en unidades	$C_{(a-b)} = \dfrac{S_c}{S_{(a-b)}}$	= S_c/S_{(a-b)}	Días
		$S_{(a-b)}$	Consumo diario promedio previsto para el periodo a–b			

Ejemplo

Hay convocada una huelga de transporte y es necesario especificar qué cobertura de *stock* existe para los próximos días.

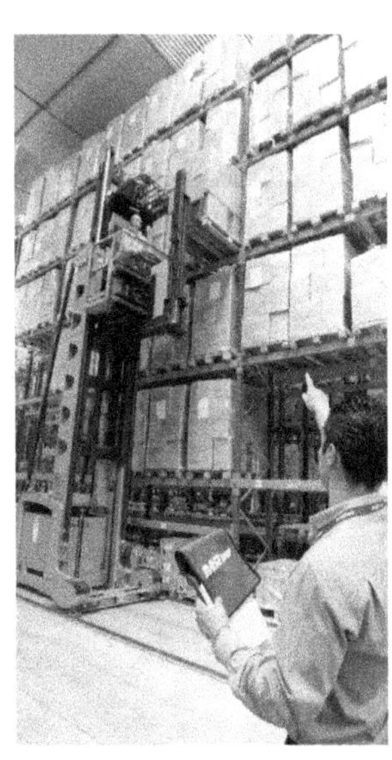

Datos:

S_c = 3.400 ud.

$S_{(a-b)}$ = 1.237 ud./día.

Solución:

$C_{(a-b)}$ = 3.400 / 1.237 = 2,74 días de cobertura de *stock*.

AURUM

¿Cómo se calcula el *stock* de seguridad sobre el nivel de servicio deseado?

El ***stock* de seguridad** es el número de unidades de un determinado producto que hay almacenadas para hacer frente a cualquier eventualidad. Puede variar en función del nivel de servicio que se ha de garantizar.

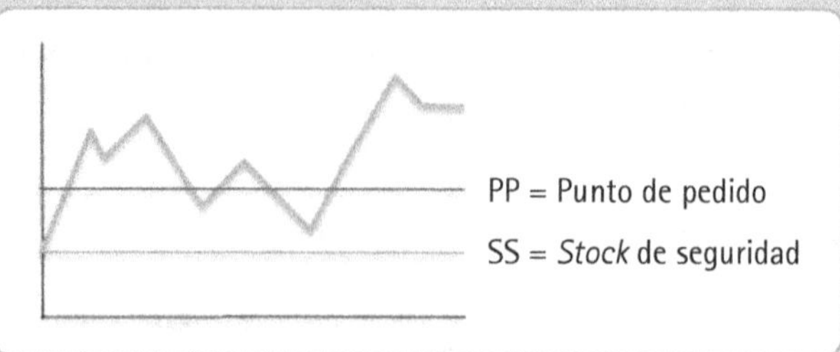

Solución

Ítem	Símbolo	Factores	Descripción	Fórmula	Fórmula (hoja de cálculo)	ud.
Stock de seguridad	SS	NS	Nivel de servicio deseable (%)	$SS = Z \times S_D \times \sqrt{t_a}$	$= Z{*}S_D{*}(RAIZ(t_a))$	ud.
		Z	Valor z (tabla de distribución normal)			
		S_D	Desviación típica sobre plazo x			
		t_a	Plazo de aprovisionamiento			

Ejemplo

A causa de cambios en la producción es necesario obtener un nuevo cálculo del *stock* de seguridad. Se indica previamente que con dicho *stock* se quiere cubrir, al menos, el 90 % del nivel de servicio.

Datos:

Z para NS 90 % = 1,28.
S_D = 300 ud.
T_a = 7 días.

Solución:

$SS = 1{,}28 \times 300 \times \sqrt{7} = 1.016$ ud.

Valores Z habituales:

NS (%)	Z
90	1,28
95	1,65
96	1,75
97	1,88
98	2,05
99	2,33
100	4

¿Cómo se calcula el *stock* de seguridad según el plazo de aprovisionamiento?

El *stock* de seguridad sirve para cubrir las necesidades de servicio en ausencia de aprovisionamiento. Aunque en la **ficha C12** se detalla una de las fórmulas más utilizadas, hay otras vías posibles, como sucede en general cuando se trata de gestionar y planificar las existencias.

Cada organización presenta unas características específicas que pueden hacer variar los factores de cálculo (tamaño del pedido, plazo de aprovisionamiento, número de pedidos, sistema informático empleado, etc.). Por ello hay que entender las fórmulas en su globalidad y elegir la opción que mejor se adapte a cada circunstancia.

Solución

Otra alternativa para calcular el *stock* de seguridad es enfocarlo según el **plazo de aprovisionamiento,** la **demanda prevista para un periodo entre a–b** y el **plazo máximo de entrega.** Este cálculo se aplica cuando hay retrasos de aprovisionamiento.

Ítem	Símbolo	Factores	Descripción	Fórmula	Fórmula (hoja de cálculo)	ud.
Stock de seguridad (sobre el plazo de entrega)	SS	PME	Plazo máximo de entrega del proveedor	$SS = D_{(a-b)} \times (PME - t_a)$	$= D_{(a-b)}*(PME - t_a)$	ud.
		t_a	Plazo de aprovisionamiento			
		$D_{(a-b)}$	Demanda prevista durante periodo a–b			

Ejemplo

Es necesario recalcular el *stock* de seguridad, pero no bajo el nivel de servicio sino bajo el enfoque del plazo de entrega.

Datos:

$D_{(a-b)}$ = 14.357 ud.
PME = 11 días.
T_a = 7 días.

Normalmente cada siete días hay un suministro para poder producir y servir, pero en ocasiones ha tardado hasta once días.

Solución:

SS = 14.357 × (11 – 7).
SS = 57.428 ud.

¿Cómo se calculan otros tipos de *stock* relevantes?

Existen otros tipos de *stock* (S) que también conviene conocer. Habitualmente, los sistemas de gestión corporativa o **ERP** poseen funciones (por ejemplo, consultas) que permiten obtener estos datos aplicando ciertos filtros (como ubicaciones o fechas).

***Stock* de presentación (S_p).** El que está en las estanterías de establecimientos comerciales o lugares de venta al público	Se calcula restando al *stock* total el de las zonas de no venta al público: $S_p = S$ total $- S$ zonas no venta público
***Stock* físico (S_f).** Cantidad de existencias almacenadas, independientemente de su propósito	Se obtiene de restar a las existencias totales las no presentes en el almacén: $S_f = S_t - S$ no presentes
***Stock* de ciclo (S_c).** El que se tiene para atender la demanda regular de los clientes. Incluye el *stock* de presentación en aquellas empresas de venta al público	Se calcula restando al *stock* físico el que no sirve para atender la demanda: $S_c = S_f - S$ no válidos
***Stock* disponible (S_d).** Comprende las existencias físicas más los pedidos en curso, menos la demanda no satisfecha	Se calcula sumando al *stock* físico los pedidos en curso y restando el que consumirá la demanda (D) no satisfecha: $S_d = S_f + S$ pedidos en curso $+ D$ pendiente
***Stock* neto (S_n).** Indica las existencias físicas menos la demanda no satisfecha	Resulta de restar al *stock* físico la demanda de pedidos pendientes de servir: $S_n = S_f - D$ pendiente
***Stock* especulativo (S_e).** El que se compra en previsión de subidas de precio, con el fin de ahorrar o de especular	Para controlarlo se identifica en el sistema como un *stock* diferente, ya que se trata de algo cualitativo
***Stock* de tránsito (S_{tr}).** El que está pedido pero aún no ha llegado a las instalaciones de destino. Incluye las devoluciones que siempre hay que contemplar en los cálculos	Resulta de restar a las existencias totales el *stock* de ciclo, que es el válido para atender la demanda: $S_{tr} = S_t - S_c$
***Stock* de recuperación (S_r).** Es el formado por productos usados o incluso averiados, pero que podrían servir, mediante alguna operación de recuperación, para atender a demandas	Es complicado cuantificarlo en el sistema. Resulta de restar el *stock* de productos recuperables (S_{pr}) de los no recuperables (S_{pnr}): $S_r = S_{pr} - S_{pnr}$
***Stock* muerto (S_x).** Es el que se mantiene a causa del elevado costo de su eliminación pero que no sirve para atender demandas o surtido actuales	Se identifica en el sistema como unas existencias determinadas

¿Cómo se calcula el índice de rotación?

El **índice de rotación** es uno de los indicadores más empleados en supervisión y también uno de los preferidos por los departamentos de finanzas y de producción para valorar el trabajo realizado en un periodo de tiempo.

Consiste en analizar el número de ciclos completos, desde el alta del producto hasta el cobro, que se dan durante un determinado periodo. Cuanto mayor es el índice de rotación, menor es el tiempo de recuperación del dinero invertido y hay una necesidad menor de fondo de maniobra o de dinero necesario para mantener la actividad de trabajo.

Solución

Aunque hay diversos enfoques en esta área, en general se da por válida la fórmula que se especifica a continuación y que consiste en dividir el **consumo anual (ficha C3)** entre el *stock* **medio** (SM de dicho periodo).

Ítem	Símbolo	Factores	Descripción	Fórmula	Fórmula (hoja de cálculo)	ud.
Cobertura de *stock* durante periodo a–b	I_R	$SM_{(a-b)}$	*Stock* medio en unidades durante periodo a-b	$I_R = \dfrac{D_{(a-b)}}{SM_{(a-b)}}$	$= D_{(a-b)}/SM_{(a-b)}$	Veces
		$D_{(a-b)}$	Demanda en unidades durante periodo a-b			

Ejemplo

El año pasado hubo una producción de 32.456 unidades y el SM fue de 987 unidades. ¿Cuál es el índice de rotación?

Solución:

I_R = 32.456 / 987.
I_R = 32,88 veces/año.

Este es un indicador clave de rendimiento o KPI utilizado con frecuencia, pero hay que tener en cuenta algunos factores. Sirve para conocer cuantas veces rota el *stock* **medio** almacenado, renovándose completamente.

En la práctica, las casuísticas hacen que las distintas referencias o pedidos entren y salgan a diferentes velocidades, por lo que siempre es interesante un análisis en profundidad que contemple desviaciones y otros factores (emplear el precio de venta o de costo, por ejemplo).

Es recomendable establecer planes de acción para mejorar la rotación de cada referencia.

AURUM

¿Cómo se calcula la capacidad de producción?

La **capacidad de producción** es la cantidad de producto que se puede producir durante una unidad de tiempo estandarizada (como un turno o una semana, por ejemplo), en condiciones óptimas **(capacidad óptima)** o en capacidad histórica **(capacidad demostrada)**. Generalmente se trabaja con capacidades demostradas o disponibles ya que lo contrario supondría un riesgo de incumplimiento ante cualquier incidencia.

Solución

Ítem	Símbolo	Factores	Descripción	Fórmula	Fórmula (hoja de cálculo)	ud.
Capacidad de producción demostrada	CD	$Pd_{(a-b)}$	Producción durante el periodo a-b	$CD = \dfrac{\Sigma Pd_{(a-b)}}{U_{(a-b)}}$	$= \Sigma Pd_{(a-b)}/U_{(a-b)}$	ud.
		$U_{(a-b)}$	Unidad de medida temporal entre a-b			

Ejemplo

Qué capacidad demostrada existe por turno y por día cuando:

Datos:

1 La $U_{(a-b)}$ es la producción semanal por turno.
2 En 3 turnos se han producido 87.534 ud./semana.

Solución:

CD = 87.534 / 3 turnos = 29.178 ud. por turno.
CD = 87.534 / 7 días = 12.504,8 ud. por día.

Para la programación semanal se pueden seguir varias vías:

- Fijar una capacidad teórica tomada a partir de un periodo; por ejemplo, un trimestre.
- Calcular la capacidad de la semana anterior; por ejemplo, de jueves a miércoles y el jueves planificar la semana siguiente con una capacidad más reciente.
- Una tercera opción es trabajar con la **capacidad disponible** (C_{dis}) que resulta de multiplicar la capacidad demostrada por estos dos factores ($C_{dis} = CD \times F_u \times F_e$):
  - El **factor de utilización** (F_u), que es el número de horas de uso respecto al total de horas reales por turno de un periodo cercano (X) F_u = horas trabajadas / horas reales (por ejemplo: 7,3 h / 8 h = 0,912).
  - El **factor de eficiencia** (F_e), que es el número de unidades producidas respecto a la capacidad definida durante el periodo X (por ejemplo: 32.456 / 42.455 = 0,765).

¿Cómo se calcula el nivel de servicio?

Desde el punto de vista de la gestión de existencias, el **nivel de servicio** es el indicador que refleja el porcentaje de pedidos satisfechos frente a pedidos solicitados por los clientes.

No hay que confundir este concepto particular de la gestión de existencias con la gestión de nivel de servicio en una empresa. Esta es un área sumamente importante y amplia que incluye otros conceptos, herramientas y factores, además de este indicador cuantitativo.

Además del nivel de servicio, es posible averiguar el **índice de rotura,** que refleja los pedidos no satisfechos, frente a los solicitados.

Solución

Ítem	Símbolo	Factores	Descripción	Fórmula	Fórmula (hoja de cálculo)	ud.
Nivel de servicio	N_s	$V_{(a\text{-}b)}$	Ventas en unidades durante periodo a-b	$N_s = \dfrac{V_{(a\text{-}b)}}{D_{(a\text{-}b)}} \times 100$	$= (V_{(a\text{-}b)} / D_{(a\text{-}b)})*100$	%
		$D_{(a\text{-}b)}$	Demanda en unidades durante a-b			
Índice de rotura	I_r	$PNS_{(a\text{-}b)}$	Pedidos no servidos en unidades entre a-b	$I_r = \dfrac{PNS_{(a\text{-}b)}}{D_{(a\text{-}b)}} \times 100$	$= (PNS_{(a\text{-}b)} / D_{(a\text{-}b)})*100$	%
		$D_{(a\text{-}b)}$	Demanda en unidades durante a-b			

Ejemplo

Llegan quejas sobre retrasos en los pedidos y se solicita un informe sobre el nivel de servicio actual:

Solución:

- Ns = (187.359 / 204.735) * 100 = 91,51 %.
- Ir = (17.376 / 204.735) * 100 = 8,4 8 %.
- Demanda: $D_{(a\text{-}b)}$ para servir entre enero y junio: 204.735 ud.
- Ventas: $V_{(a\text{-}b)}$ entre enero y junio: 187.359 ud.
- Pedidos no servidos: $PNS_{(a\text{-}b)}$ entre enero y junio: 17.376 ud.

Para ser coherentes hay que calcular la demanda de unidades de acuerdo con el plazo de servicio (fecha prevista) y no sobre la base de cuándo se realiza el pedido.

¿Qué es y cómo se calcula el sistema ABC?

El **ABC** es un sistema de clasificación de existencias basado en el **principio de Pareto**, por el cual el 20 % de las existencias supondría el 80 % de los movimientos de almacén.

Aunque hay sistemas de gestión corporativa o **ERP** programados para calcular automáticamente el ABC, también es posible hacerlo mediante consultas al sistema informático y volcando su información sobre referencias, consumos, valor, etc., en una hoja de cálculo.

Solución

Hay que ordenar el valor buscado (el consumo o la demanda de un producto, por ejemplo) de mayor a menor para ver qué referencias suman en torno al primer 80 % (A), cuáles de las siguientes suman otro 15 % (B) y que otras el restante 5 % (C).

Este es un criterio estándar que en cada empresa puede variar según se adapte a su casuística y sus preferencias; por ejemplo, redondeando los decimales.

Ejemplo

Hay que realizar el análisis ABC de los productos según su demanda para estudiar un posible cambio de **disposición en el almacén.**

Nombre del artículo	Consumo ene-dic	Sobre el total (%)	Σ %	Clasificación
Ref. 23412341234	10.021.311	51,45		
Ref. 08070770707	4.018.000	20,63	79,42	A
Ref. 08080770777	721.998	3,71		
Ref. 68764522339	708.912	3,64		
Ref. 72323222211	701.999	3,60		
Ref. 24321241212	698.234	3,58		
Ref. 21312231232	654.812	3,36	15,33	B
Ref. 11119878870	653.444	3,35		
Ref. 89879797999	278.233	1,43		
Ref. 12373037580	271.234	1,39		
Ref. 12321310980	257.221	1,32		
Ref. 23432183019	245.889	1,26		
Ref. 29823432943	134.211	0,69		
Ref. 19237120000	31.211	0,16	5,24	C
Ref. 42942938403	29.776	0,15		
Ref. 23492374980	27.655	0,14		
Ref. 23492734032	23.841	0,12		
Total	19.477.981	100,00	100,00	

Solución:

1 Realizar una consulta en el ERP, para la que se introducen los filtros de:
   - Nombre del artículo.
   - Consumo del último año.
   - Porcentaje de consumo sobre el total.

2 Con esta información, sumar el porcentaje de peso de cada artículo sobre el total hasta hacer grupos próximos al 80, 15 y 5 % y asignar un valor A, B o C, como se señala en la tabla.

¿Cómo se aplica el sistema ABC en el diseño de almacenes?

En todo almacén existen movimientos de entrada, salida u otros internos intermedios. En ocasiones estos movimientos se dan en distancias considerables, lo que afecta a la productividad. Como las mercancías A son las que más rotan, las B las de rotación media y las C las de rotación baja, en el diseño de almacenes se aplican criterios de proximidad a los puntos clave.

Solución

Las mercancías del tipo A se colocan en las zonas más cercanas a los muelles y las zonas de carga y descarga. De este modo, la mayoría de sus movimientos son los que menos distancia recorren. Si los volúmenes lo permiten, se pueden automatizar los procesos mediante silos automáticos o vehículos de almacén sin conductor, por ejemplo.

Las mercancías del tipo B se sitúan inmediatamente después de las del A y también se pueden automatizar sus procesos.

Las mercancías del tipo C se sitúan en las zonas más extremas o de difícil acceso del almacén. En función del volumen de movimientos, se pueden emplear vehículos sin conductor, trenes de arrastre, transporte por rodillos u otros medios mecánicos.

Estas medidas contribuyen a mejorar la productividad del almacén, reduciendo el costo de los recursos necesarios.

Clase A
Artículos de fuerte rotación

Clase B
Artículos de media rotación

Clase C
Artículos de baja rotación

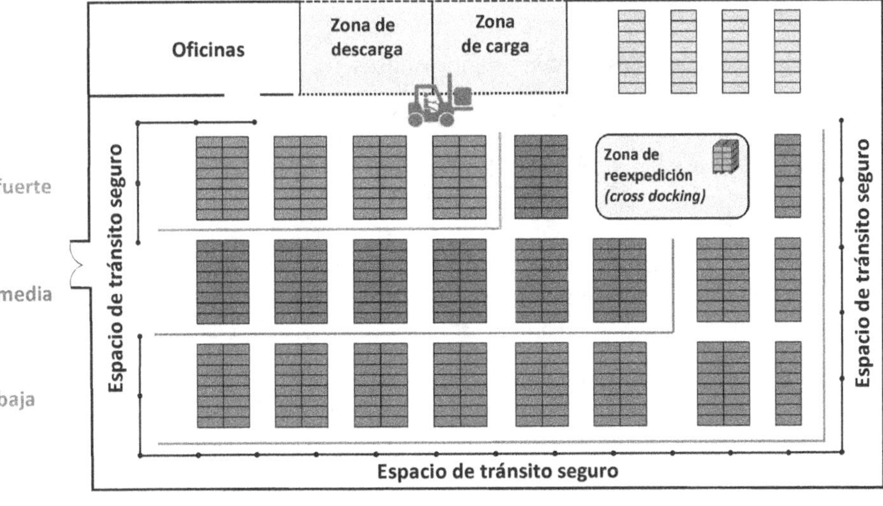

AURUM

¿Qué es la lista de materiales y cómo se utiliza?

La **lista de materiales** o **BOM** *(bill of materials)* ofrece una visión del conjunto de materias primas y componentes que intervienen en la fabricación de los productos de una empresa. Puede presentar informaciones complementarias, como cantidades, plazos de suministro, alternativas, niveles, costos o referencias internas. Se emplea para organizar órdenes de aprovisionamiento y para establecer plazos, costos y procesos de trabajo necesarios para conseguir el producto acabado.

Ejemplos

Existen diversos tipos de lista de materiales. Algunas de las más utilizadas son:

1 **BOM multinivel.** Permite visualizar los componentes y niveles, siendo el nivel 0 el objeto acabado, el 1 los ensamblados finales y así sucesivamente. Se emplean esquemas o gráficos.

2 **BOM modulable.** Sirve para planificar la producción. Se plasma la información relativa a la referencia y el nivel, entre otras, y las alternativas a cada componente cuando existen varias opciones (tamaños de lote, materiales alternativos, etc.).

3 **BOM de aprovisionamiento.** Se emplea para planificar el aprovisionamiento óptimo y valorar alternativas.

En muchas ocasiones se combinan formatos.

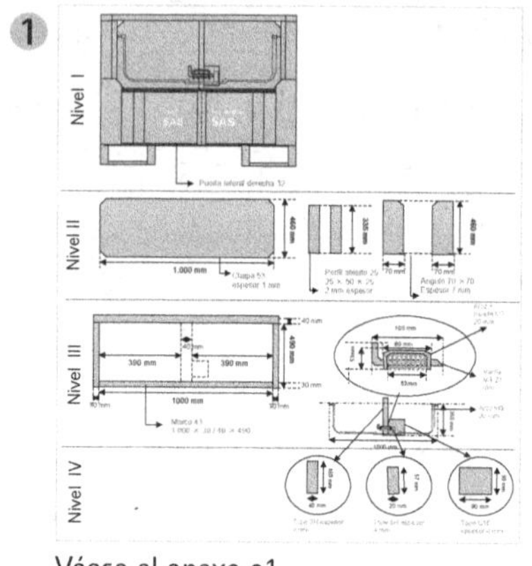

Véase el anexo c1.

2

Referencia	Descripción	Nivel	Tiempo de espera	Ensamble	Tamaño lote	Alternativa
B231231	Chapa 23 puerta dcha.	2	4 días	Operac. 2A	3	B32432
A343234	Arco 34 puerta dcha.	2	4 días	Operac. 2A	3	B32432
ME00324	Arco 32 puerta dcha.	3	3 días	Operac. 45H	12	MED3111
A329990	Pasador 32 puerta dcha.	3	2 días	Operac. 32H	5	A989896

3

Ensamble	Referencia	Descripción	Nivel	Tiempo de espera	Tamaño lote	Precio ud.
Operac. 32H	A343234	Pasador 34 puerta dcha.	3	2 días	5	3,55 €
	A329990	Pasador 32 puerta dcha.	3	2 días	5	3,55 €
	G0354333	Alfa 127 puerta dcha.	4	2 días	2	9,50 €

¿Qué es el plan maestro de producción y cómo se realiza?

El **plan maestro de producción (PMP)** es una herramienta de planificación a medio y largo plazo cuyo propósito es ofrecer una previsión de:

- Los productos y cantidades que se han de producir.
- Las fechas en que deben suministrarse materiales para poder producir.
- El momento en que deben estar listos los productos.

Existen muchas opciones para hacer un PMP. Hay modelos muy complejos, con introducción y vinculación de datos de costos, actualizaciones de rendimiento, devoluciones, etc., y que actualizan conceptos como el lote económico o el *stock* de seguridad, por ejemplo.

También existen modelos más sencillos en los que, producto a producto, se calcula un PMP basado en las previsiones, los pedidos confirmados, el *stock* de ciclo (disponible), el tamaño del lote y las capacidades de producción. Partiendo de un *stock* inicial, se analiza la capacidad de atender los pedidos y si hay que producir o no.

Ejemplo

Plan maestro de producción de un producto:

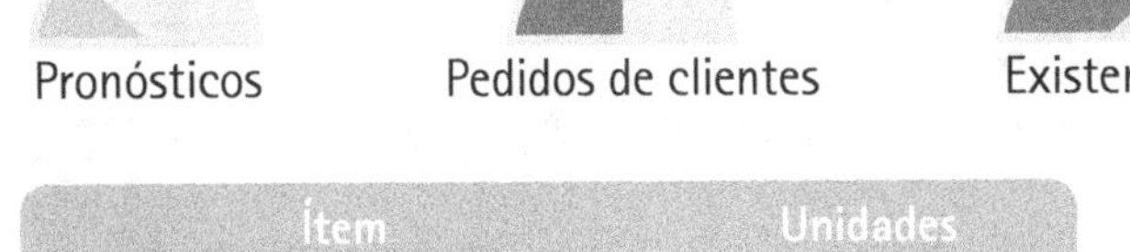

Ítem	Unidades
Inventario (disponible) inicio	2.000 ud.
Tamaño del lote	50 ud.
Capacidad producción semanal	1.050 ud.

Ítem	S10	S11	S12	S13	S14	S15	S16	S17	S18
Pronóstico de consumos	1.200	1.050	1.040	1.032	1.043	1.200	1.210	1.210	1.205
Pedidos	891	945	1.199	934	1.020	1.289	1.234	1.200	1.213
Disponible	2.000	1.109	0	1	17	47	8	24	24
Resultado sin producción	1.109	164	-1.199	-933	-1.003	-1.242	-1.426	-1.576	-1.715
PMP requerido	0	900	1.200	950	50	1.250	1.450	1.200	1.750
Pendiente semana anterior							200	400	526
Capacidades	1.050	1.050	1.050	1.050	1.050	1.050	1.050	1.050	1.050

En este caso solo se usa *stock* de ciclo, no se modifica el de seguridad, retrasando pedidos.

¿Qué son las órdenes de aprovisionamiento?

Se trata de solicitudes o instrucciones que se emiten desde el cliente al proveedor con todos los detalles de las unidades que se han de servir, como fechas de carga y descarga, unidades por envío, referencias de cliente, etc.

Si las **órdenes de aprovisionamiento** son a portes pagados por el destinatario, también se pueden indicar los datos de la empresa transportista y remitir a esta una copia del documento como parte de la orden de carga.

Las órdenes de aprovisionamiento pueden tener tantas variantes como se considere necesario (costo, forma de secuenciación o entrega, etc.).

Su propósito es anticipar al máximo el servicio e iniciar la ejecución de la planificación realizada.

Deben ser fácilmente comprensibles, con el fin de evitar fallos en su interpretación.

Ejemplo

IOS X

Orden de aprovisionamiento		Número de solicitud	243123000

Proveedor	Código de proveedor	Contacto	Correo electrónico	Número de órden	Ocupación camión (%)
SUPERPLAST	47430000	Alfonso Brugera	abruguera@superplast.com		
Destinatario	Código del cliente	Contacto	IOS X	231234	98,30
IOS X	47430000	Sergio de Dávila	sded@iosx.com		

Transportista	Día de carga	Hora llegada	Hora salida	Puerta/muelle	IOS X Día descarga	IOS X Hora llegada	IOS X Hora salida	IOS X Código entrada
Truck&Wheel	12/4/25	16:00	18:00	M234	13/4/25	7:00	8:00	I-003

	Solicitud							Superplast	IOS X
Línea	Referencia proveedor	Referencia cliente	Descripción	Piezas/ envase	Envases requeridos	Total piezas	Piezas stock	Rotura actual de stock	Posibilidad de servicio
1	P103849040000	A639690 4053 7D43	PILAR-A D GR	36	11	396	324		No conforme
2	P103847040000	A639690 3953 7D43	PILAR-A I GR	36	11	396	324		No conforme
3	P103852150000	A639690 4253 7G91	PILAR-A D GRT	36	0	0	0		
4	P105634150000	A639690 5853 7G91	PILAR-A D WB GRT	36	0	0	0		
5	P103851150000	A639690 4153 7G91	PILAR-A I GRT	36	0	0	0		
14	P105633160000	A639690 5753 8K34	PILAR-A I WB KT	36	0	0	0		
15	P104786040000	A639690 5053 7D43	PILAR-B SUP D GR	96	1	96	96		Conforme
16	P108193040000	A639690 6953 7D43	PILAR-B SUP D GR KAWA	96	1	96	96		Conforme
17	P104788040000	A639690 4853 7D43	PILAR-B SUP D PAREDSEP GR	96	1	96	96		Conforme
18	P116802040000	A 639 690 85 53 7D43	PIL-B SUP D CE G	96	0	0	0		
19	P116809040000	A 639 690 89 53 7D43	PIL-B SUP D CE WB G	96	0	0	0		
20	P104780040000	A639690 4353 7D43	PILAR-B SUP I GR	32	3	96	96		Conforme
21	P104785040000	A639690 4953 7D43	PILAR-B SUP I KW GR	96	0	0	0		
22	P116808150000	A 639 690 90 53 7G91	PIL-B SUP I CE WB GT	96	0	0	0		
	Total envases y piezas				52	2236			

Proveedor	Conductor	Receptor	Datos entrega		
X________	X________	X________	Líneas pedidas	22	90.909 MPM
			Líneas no conforme	2	

Véase el anexo c2.

¿Qué es el MRP I y cómo se realiza?

El **sistema de programación y control de la producción** o **MRP I** *(materials requirements planning)* es una herramienta de planificación para determinar:

1 Qué productos se han de producir.

2 El momento en que deben producirse.

3 Qué aprovisionamiento se requiere.

4 En qué momento debe aprovisionarse.

El MRP I parte de la información de la **lista de materiales (BOM)** o del **plan maestro de producción (PMP),** de las existencias de materia prima y del lote de aprovisionamiento.

Si se conoce cuándo hay que producir, se puede calcular cuántos lotes y unidades de materia prima hay que aprovisionar, calculando el *stock* resultante, y en qué momento hay que hacerlo.

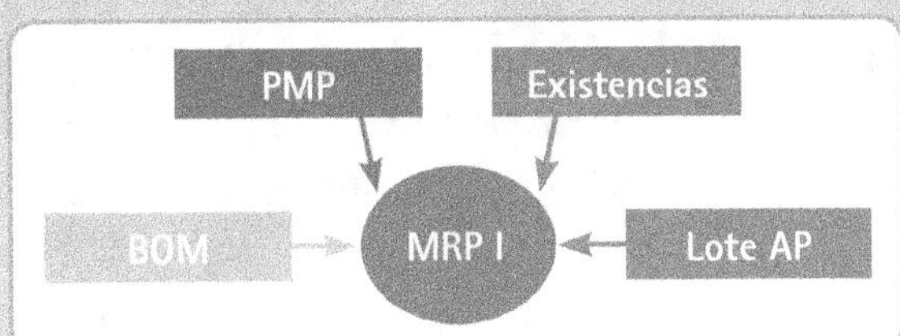

Ejemplo

BOM producto A	ud.	Lote	Stock inicial
Subparte I	2	10	450.000
Subparte II	4	10	360.000
Subparte I	3	12	600.000
Subparte II	2	10	0
Subparte I	10	30	0

Ítem	ud.
Inventario (disponible) inicio	2.000 ud.
Tamaño del lote	50 ud.
Capacidad de producción semanal	1.050 ud.

Programación producción (un solo producto) (Continuación ficha C20)

Ítem	S10	S11	S12	S13	S14	S15	S16	S17	S18
Pronóstico de consumos	1.200	1.050	1.040	1.032	1.043	1.200	1.210	1.210	1.205
Pedidos	891	945	1.199	934	1.020	1.289	1.234	1.200	1.213
Disponible	2.000	1.109	0	1	17	47	8	24	24
Resultado sin producción	1.109	164	-1.199	-933	-1.003	-1.242	-1.426	-1.576	-1.715
PMP requerido	0	900	1.200	950	50	1.250	1.450	1.200	1.750
Pendiente semana anterior							200	400	526
Capacidades	1.050	1.050	1.050	1.050	1.050	1.050	1.050	1.050	1.050

Stock resultante tras pedido	S10	S11	S12	S13	S14	S15	S16	S17	S18
Subparte I	2.218	0	0	0	0	0	0	0	0
Subparte II	4.436	0	0	0	0	0	0	0	0
Subparte I	3.327	0	0	6	12	0	6	12	0
Subparte II	2.218	0	0	0	0	0	0	0	0
Subparte I	11.090	0	0	10	20	20	30	0	10

Necesidades de aprovisionamiento (ud.)	S10	S11	S12	S13	S14	S15	S16	S17	S18
Subparte I	0	1.800	2.400	1.900	100	2.100	2.100	2.100	2.100
Subparte II	0	3.600	4.800	3.800	200	4.200	4.200	4.200	4.200
Subparte I	0	2.700	3.600	2.856	156	3.144	3.156	3.156	3.144
Subparte II	0	1.800	2.400	1.900	100	2.100	2.100	2.100	2.100
Subparte I	0	9.000	12.000	9.510	510	10.500	10.500	10.470	10.500

Necesidades de aprovisionamiento (lotes)	S10	S11	S12	S13	S14	S15	S16	S17	S18
Subparte I	0	180,0	240,0	190,0	10,0	210,0	210,0	210,0	210,0
Subparte II	0	360,0	480,0	380,0	20,0	420,0	420,0	420,0	420,0
Subparte I	0	225,0	300,0	238,0	13,0	262,0	263,0	263,0	262,0
Subparte II	0	180,0	240,0	190,0	10,0	210,0	210,0	210,0	210,0
Subparte I	0	300,0	400,0	317,0	17,0	350,0	350,0	349,0	350,0

¿Qué es la planificación agregada de la producción y cómo se aplica?

Es una herramienta de planificación a medio plazo (como referencia suele tomarse un plazo de tres a dieciocho meses), cuyo objetivo es determinar la mejor opción posible para satisfacer la demanda al menor costo.

El concepto «agregada» hace referencia a que todos los componentes se pasan a un término común (horas de trabajo necesarias, por ejemplo) para poder desarrollar la planificación bajo un solo formato.

La **planificación agregada de la producción (PAP)** es una herramienta que requiere introducir de manera sistemática la información *(inputs)* pero, como contrapartida, permite extraer información valiosa *(outputs)*.

Aplicaciones

Planificación agregada

Inputs

1 Necesidades de producto en cada periodo.
2 Existencias actuales.
3 Opciones de ajuste de existencias.
4 Capacidades.
5 Horas de máquina necesarias.
6 Opciones de ajuste de maquinaria.
7 Horas de personal necesarias.
8 Opciones de ajuste de personal.

Outputs

1 Cantidad de producción de cada tipo de producto.
2 Niveles óptimos de inventario.
3 Fuerza laboral óptima para acometer la producción.
4 Optimizar la tasa de productividad en relación con las capacidades.
5 Horizonte de planificación.
6 Detallar las medidas necesarias en cada tipo de circunstancia para alcanzar el objetivo.

La PAP puede ser bastante compleja. Suelen establecerse diferentes vías para su realización:

- **Intuitiva:** a través de hojas de cálculo en las que se prueban diversas opciones.
- **Programación matemática:** se introducen en las hojas de cálculo o ERP fórmulas que realizan el cálculo.
- **Programas o simuladores específicos:** se introducen los datos en simuladores especialmente desarrollados para este fin, lo que permite trabajar con mayor profundidad diferentes opciones.

¿Qué es el MRP II y cómo se aplica?

La **planificación de recursos de fabricación** o **MRP II** *(manufacturing resources planning)* es una herramienta de planificación integral en tiempo real.

Con el objetivo de optimizar los recursos, integra la visión del plan empresarial estratégico, el plan maestro de producción (PMP), la planificación agregada de la producción (PAP), el plan de requerimientos de material o CRP *(continuous replenishment programme)* y la programación de la producción.

Es una herramienta más amplia que el MRP I, ya que además de la información extraída de este, proporciona información instantánea para poder planificar, controlar, gestionar o programar todos los recursos para la fabricación, ofreciendo múltiples *outputs* para diversos departamentos.

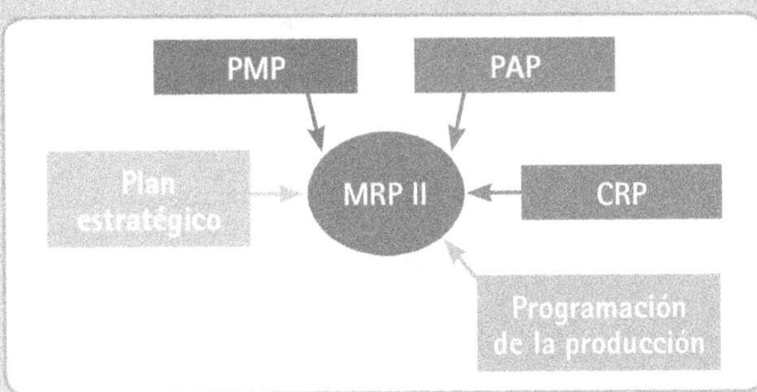

Aplicaciones

- Actualiza la planificación estratégica.
- Planifica los pedidos de los materiales y su frecuencia de aprovisionamiento.
- Prioriza y planifica las actividades de todos los recursos (personal, maquinaria o materiales, por ejemplo).
- Actualiza la capacidad disponible.
- Actualiza las órdenes de fabricación.
- Optimiza las existencias.
- Realiza cálculos de costos.
- Realiza cálculos sobre resultados financieros.
- Controla el transcurso adecuado del proceso.
- Vigila factores no previstos (devoluciones, roturas, fallos de calidad, etc.) actualizando los planes.

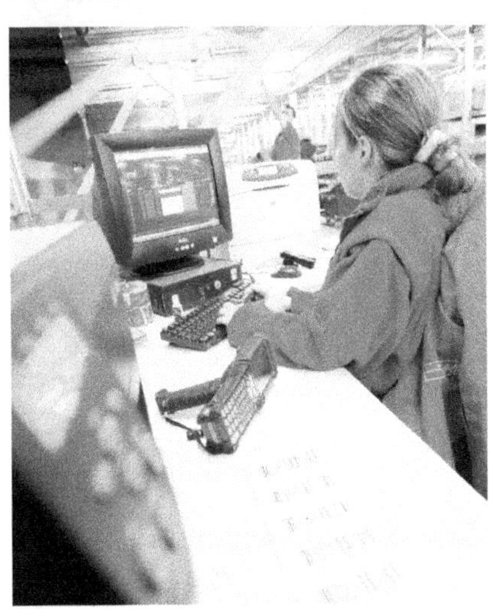

D

Cálculo con vehículos y unidades de transporte intermodal (UTI)

Los vehículos y las UTI

Tanto si se trabaja en el campo de la planificación, como si se opera en el del transporte o el almacén, es fundamental conocer las dimensiones y características de los vehículos y las unidades de transporte intermodal (UTI). Este capítulo contiene la información necesaria para poder elegir y optimizar el uso de cualquier vehículo de carga o UTI, lo que es, en gran medida, una de las funciones de algunas figuras profesionales.

Aunque existe una falta de uniformidad, en el ámbito internacional, respecto a la tipología, dimensiones y características técnicas de los vehículos de transporte que se emplean en las diferentes regiones económicas, se ofrecen orientaciones y numerosos ejemplos que facilitan el cálculo de sus capacidades.

Las UTI operan habitualmente en el escenario internacional y tanto en el modo aéreo como en el ferroviario o en el marítimo están reguladas por organismos internacionales (ISO, CEN, IATA, etc.), por lo que las medidas y características que se presentan son aplicables en cualquier país del mundo.

Este capítulo también contiene informaciones para el empleo de las UTI, para descifrar el código de identificación de los contenedores, por ejemplo, y otras relativas a las unidades de carga, a su eventual disposición en las unidades de transporte, el cálculo del peso volumétrico y fórmulas de contratación para la carga en buques graneleros, entre otras.

¿Cómo calcular la carga útil y la MMA en los vehículos de transporte combinado?

La **masa máxima autorizada (MMA)** es el peso total permitido, en toneladas (t), que puede alcanzar un vehículo con la carga y la **unidad de transporte intermodal (UTI)** si la tuviese. La **tara** es el peso en vacío (t) de un vehículo o UTI.

Solución

MMA permitidas en España para vehículos de transporte intermodal (carretera-marítimo o carretera-ferrocarril):

Vehículos de transporte intermodal	MMA (t)	Parte del vehículo o UTI	Descripción	Ejemplo tara (t)	Ejemplo carga útil (t)
	44	Tractora tres ejes	Vehículo motor y semirremolque de tres ejes. Homologado para transporte combinado, y contenedor o caja móvil cerrados, igual o superior a 20'	9	26,1
		Semirremolque tres ejes		6,5	
		Contenedor o caja móvil		2,4	
	44	Tractora tres ejes	Vehículo motor de tres ejes con semirremolque de dos ejes. Homologado para transporte combinado, y contenedor o caja móvil cerrados, igual o superior a 20'	9	27,6
		Semirremolque dos ejes		5	
		Contenedor o caja móvil		2,4	
	42	Tractora dos ejes	Vehículo motor de dos ejes con semirremolque de tres ejes. Homologado para transporte combinado, y contenedor o caja móvil cerrados, igual o superior a 20'	7,5	25,6
		Semirremolque tres ejes		6,5	
		Contenedor o caja móvil		2,4	
	38	Tractora dos ejes	Vehículo motor de dos ejes con semirremolque de dos ejes. Lleva una caja móvil abierta igual o superior a 20' y distancia entre ejes menor a 1,8 m	7,5	23,1
		Semirremolque dos ejes d<1,8m		5	
		Contenedor o caja móvil		2,4	
	36	Tractora dos ejes	Vehículo motor de dos ejes con semirremolque de dos ejes. Lleva una caja móvil abierta igual o superior a 20' y distancia entre ejes mayor a 1,8 m	7,5	21,1
		Semirremolque dos ejes d>1,8 m		5	
		Contenedor o caja móvil		2,4	

Fórmula

La **carga útil** es la carga que puede transportar un vehículo y resulta de calcular la fórmula:

Carga útil = MMA – tara.

Ejemplo

Carga útil = MMA (44 t) – tara tractora (8 t) – tara semirremolque (6 t) – tara contenedor (2,5 t).

Solución:
Carga útil = 44 t – (8 + 6 + 2,5) = 27,5 t.

AURUM

¿Cómo calcular la carga útil y la MMA en los vehículos de transporte por carretera?

Aunque en cada país existe una normativa diferente, a continuación se propone una fórmula válida para todos los casos. Aquí se hace referencia a la **carga útil total,** sin embargo, puede haber limitación de masa máxima por eje.

Solución

MMA permitidas (en España) para vehículos de transporte (no especial) por carretera:

Vehículos de carga general no intermodal	MMA (t)	Parte del vehículo o UTI	Descripción	Ejemplo tara (t)	Ejemplo carga útil (t)
	18	Rígido dos ejes	Vehículo rígido de dos ejes	5	13
	24	Rígido tres ejes	Vehículo rígido de tres ejes simples sin suspensión neumática	9	15
	25	Rígido tres ejes	Vehículo rígido de tres ejes dobles con suspensión neumática	9	16
	31	Rígido cuatro ejes	Vehículo rígido de cuatro ejes simples sin suspensión neumática	13	18
	32	Rígido cuatro ejes	Vehículo rígido de cuatro ejes con dos direccionales: – Eje motor equipado con neumáticos dobles y suspensión neumática (o equivalente en la UE) – Cada eje motor equipado con neumáticos dobles. La MMA no puede exceder de 9,5 t	13	19
	36	Articulado cuatro ejes	Vehículo motor de dos ejes. Eje motor equipado con ruedas gemelas, suspensión neumática (o equivalente en la UE), semirremolque cuya distancia entre ejes sea superior a 1,8 m. MMA del vehículo motor: 18 t; MMA de un eje tándem del semirremolque: 20 t	12	24
	40	Articulado cinco o más ejes	Vehículo motor pesado con dos o tres ejes. Semirremolque de tres ejes	12	28
	40	Tren de carretera	Vehículo rígido y remolque	16	24

Fórmula

La **carga útil** es la carga que puede transportar un vehículo y resulta de calcular la fórmula:

Carga útil = MMA – tara.

Ejemplo

MMA = 40 t / tara tractora = 7 t / tara semirremolque = 9 t.

Solución:

40 t – 7 t – 9 t = 24 t.

¿Cuántos metros cúbicos útiles tiene un camión?

Para calcular la capacidad (m³) de un vehículo de transporte de carga es necesario multiplicar **el largo, ancho** y **alto** del interior de la zona de carga. No obstante, siempre hay que tener en cuenta la normativa de carga y tránsito de cada país.

Solución

Vehículo de carga general no intermodal	Descripción	Exterior vehículo	Interior zona carga Largo	Ancho	Alto	m³
	Vehículo rígido de dos ejes	12 × 4 × 2,5	6,5	2,48	2,6	42
	Vehículo rígido de tres ejes	12 × 4 × 2,5	8,6	2,48	2,7	58
	Vehículo rígido de cuatro ejes	12 × 4 × 2,5	9,5	2,48	2,7	64
	Vehículo motor de dos ejes y semirremolque de dos ejes	16,5 × 4 × 2,5	13,65	2,48	2,7	91
	Camión con lona *(tarpaulin* tráiler). Vehículo motor pesado con dos o tres ejes y semirremolque de tres ejes de rueda 80	16,5 × 4 × 2,5	13,65	2,48	2,7	91
	Tráiler *tautliner* (semimega). Vehículo motor pesado con dos o tres ejes y semirremolque de tres ejes de rueda 70	16,5 × 4 × 2,5	13,65	2,48	2,9	98
	Tráiler *megatautliner.* Vehículo motor pesado con dos o tres ejes y semirremolque de tres ejes de rueda 60	16,5 × 4 × 2,5	13,65	2,48	3	102
	Vehículo rígido y remolque	18,75 × 4 × 2,5	16,5	2,48	3	123

Cálculo del volumen útil (m³)[1]

Fórmula

Volumen útil:

$$V = \text{largo} \times \text{ancho} \times \text{alto}.$$

Ejemplo

$V = \text{largo } (13,6) \times \text{ancho } (2,48) \times \text{alto } (3).$

Solución:

$$V = 13,6 \times 2,48 \times 3 = 102,55 \text{ m}^3$$

[1] Capacidades (m³) máximas permitidas de los diferentes tipos de camiones en España. No se incluyen aquí transportes especiales, ni megacamiones de 60 t de MMA.
No siempre se aprovechan las dimensiones máximas. Son comunes vehículos más pequeños, como camiones rígidos, por ejemplo.

AURUM

¿Cuántos metros cúbicos útiles tiene una furgoneta?

La gran variedad que existe de furgonetas se puede clasificar en las cinco familias que se indican en la tabla. El volumen útil es el resultado de multiplicar el **largo, ancho y alto** del interior. Aquí se presenta un ejemplo orientativo, pero el interior de las furgonetas suele presentar alguna irregularidad a la altura de las ruedas traseras; por lo tanto, habría que calcular el volumen general y luego restar el que ocupan parte de las ruedas (habitualmente es de 0,5 m³).

Ejemplo

| Cálculo del volumen útil (m³) | | Ejemplo | | | | | | |
| Tamaños orientativos de furgonetas | Descripción | Exterior vehículo | | | Interior zona carga | | | |
		Largo	Ancho	Alto	Largo	Ancho	Alto	m³
	Furgoneta pequeña	3,86	1,72	1,72	1,52	1,46	1,06	2,4
	Furgoneta monovolumen	4,6	1,7	1,89	2,3	1,63	1,28	4,8
	Furgón corto elevado	5,54	2,47	2,5	3,08	1,76	1,89	10,2
	Furgón largo elevado	6,94	1,93	2,7	4,3	1,78	1,94	14,8
	Furgoneta carrozada grande	5,5	2,4	3,2	4,5	2,1	2,12	20,0

¿Qué palés son los más utilizados y cuántos caben en cada tipo de camión?

Existen palés de diferentes dimensiones, con características adaptadas a distintas tipologías de cargas. Los palés que más se utilizan a escala internacional son:

Europalé	1.200 × 800 mm	Para alimentación (medio europalé)	800 × 600 mm
Americano, isopalé o universal[1]	1.000 × 1.200 mm	Otros	1.200 × 1.200 mm
Para la construcción	1.000 × 800 mm	Otros	1.219 × 1.016 mm

Solución

Para calcular cuántos palés caben en un tipo de camión es necesario fijar la forma de carga (transversal, longitudinal o combinada), dividir la longitud del camión entre la del palé en la posición adecuada y multiplicar el resultado por las filas posibles.

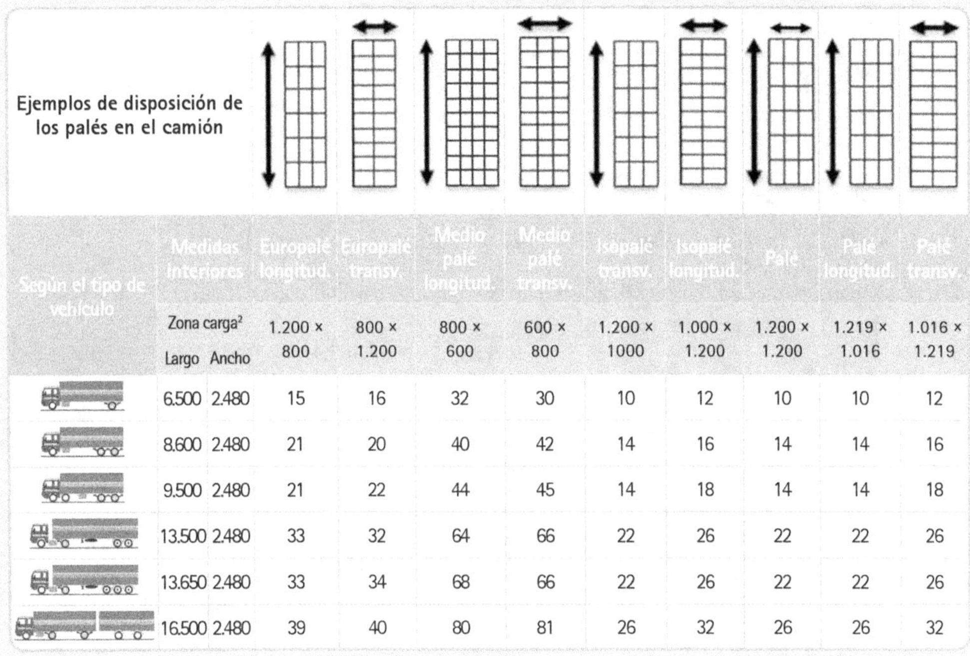

Ejemplos de disposición de los palés en el camión

Según el tipo de vehículo	Medidas interiores Zona carga[2]		Europalé longitud.	Europalé transv.	Medio palé longitud.	Medio palé transv.	Isopalé transv.	Isopalé longitud.	Palé	Palé longitud.	Palé transv.
	Largo	Ancho	1.200 × 800	800 × 1.200	800 × 600	600 × 800	1.200 × 1000	1.000 × 1.200	1.200 × 1.200	1.219 × 1.016	1.016 × 1.219
	6.500	2.480	15	16	32	30	10	12	10	10	12
	8.600	2.480	21	20	40	42	14	16	14	14	16
	9.500	2.480	21	22	44	45	14	18	14	14	18
	13.500	2.480	33	32	64	66	22	26	22	22	26
	13.650	2.480	33	34	68	66	22	26	22	22	26
	16.500	2.480	39	40	80	81	26	32	26	26	32

Para saber cuántos palés caben en un camión europeo, basta con dividir el largo del interior entre 0,4.

[1] Palé de cuatro entradas optimizado para el transporte en contenedores de 20' y 40'.
[2] Estas medidas toman como referencia la normativa aplicable en España.

Medidas externas de los contenedores ISO/EURO

Las dimensiones de los contenedores de transporte están reguladas por la norma ISO 6346.

En esta norma aparecen dos nomenclaturas:

- Tamaño ISO: define los contenedores en función de las medidas y el tipo.
- Grupo ISO: define los contenedores en función del uso.

Ejemplo

20' contenedor de plataforma / Tamaño ISO: 22 P8 / grupo ISO: 22 PC

Adicionalmente, existe un enorme parque de contenedores no estandarizados, principalmente fruto de navieras o empresas que han desarrollado soluciones específicas.

Tipos de contenedor	Largo		Alto	
	Pies	Milímetros	Pies	Milímetros
	53'	16.150	8' 6''	2.591
	49'	14.935	9' 6''	2.896
	2 × 24'	7.442	8' 6''	2.600
	48'	14.630	9' 6 1/2''	2.591
	45'	12.192	9' 6''	2.438
	43'	13.106,4	8' 6''	2.590,8
	40 ISO	12.192	8'	2.500
	40 EURO	12.192	8'	2.438
	35'	10.660	8'	2.438
	30'	9.125	8'	2.438
	24'	7.430	8'	2.438
	2 × 20'	6.058	8'	2.438

Características de los contenedores cerrados *(dry box)*

Disponen de dos puertas en un extremo. Se emplean para el transporte de carga seca y son los más utilizados.

Un TEU *(twenty equivalent unit)* es una unidad de medida que equivale a un contenedor de 20' de largo. Se emplea para calcular la capacidad de los buques portacontenedores y las terminales de contenedores y para hacer estadísticas de volúmenes.

Ejemplo

| Tipo de contenedor | Contenedor estándar *(dry box)* | | | | | | | | |
| | Capacidad y carga útil | | | Medidas internas | | | Medidas externas | | |
	Volumen	MMA	Peso vacío	Largo	Ancho	Alto	Largo	Ancho	Alto
Cerrado de 20'	33 m³	28.200 kg	2.280 kg	5,896 m	2,35 m	2,393 m	6,096 m	2,39 m	2,591 m
	1.165 pies³	62.170 lb	5.030 lb	19' 4 1/8"	7' 8 1/2"	7' 10 3/16"	20'	8'	8' 6"
Cerrado de 40'	67 m³	28.800 kg	3.700 kg	12,032 m	2,35 m	2,393 m	12,192 m	2,39 m	2,591 m
	2.366 pies³	63.493 lb	8.157 lb	39' 5 11/6"	7' 8 1/2"	7' 10 3/16"	40'	8'	8' 6"
Cerrado de 40' Alta capacidad *(high cube)*	76 m³	28.620 kg	3.880 kg	12,032 m	2,35 m	2,71 m	12,192 m	2,39 m	2,8961 m
	2.684 pies³	63.100 lb	8.554 lb	39' 5 11/16 "	7' 8 1/2"	8' 10 1/8"	40'	8'	9' 6"
Cerrado de 45' Alta capacidad *(high cube)*	85 m³	27.600 kg	4.900 kg	13,556 m	2,352 m	2,69 m	13,716 m	2,39 m	2,8961 m
	3.036 pies³	60.848 lb	10.803 lb	44' 5 11"	7' 89"	8' 103"	45'	8'	9' 6"

Características de los contenedores sin techo (open top)

Es similar al contenedor cerrado, pero la parte superior puede abrirse porque está cubierta por lonas u otros sistemas de cierre. Se emplea principalmente para mercancías que requieren carga o descarga por la parte superior mediante grúas u otros sistemas de elevación, lo que permite también que sobresalga la mercancía. En este caso, el contenedor deberá transportarse en la parte superior del buque.

Ejemplo

Tipo de contenedor	Contenedor sin techo (open top)								
	Capacidad y carga útil			Medidas internas			Medidas externas		
	Volumen	MMA	Peso vacío	Largo	Ancho	Alto	Largo	Ancho	Alto
Sin techo de 20'	31,74 m³	28.000 kg	2.280 kg	5,919 m	2,346 m	2,286 m	6,096 m	2,39 m	2,591 m
	1.120,88 pies³	62.128 lb	5.027 lb	19' 5''	7' 8 5/16''	7' 6''	20'	8'	8' 6''
Sin techo de 40'	64,39 m³	28.700 kg	4.000 kg	12,032 m	2,338 m	2,289 m	12,192 m	2,39 m	2,591 m
	2.273,91 pies³	63.272 lb	8.818 lb	39' 5 11/6''	7' 8''	7' 6 1/16''	40'	8'	8'6''
Sin techo de 40' Alta capacidad (high cube)	74,88 m³	26.480 kg	4.000 kg	12,032 m	2,348 m	2,65 m	12,192 m	2,438 m	2,8961 m
	2.643,86 pies³	58.377 lb	8.818 lb	39' 5 11/16 ''	7' 8 3/8''	8' 8 4/9''	40'	2,39'	9'6''

Características de los contenedores frigoríficos *(reefer)*

Permiten refrigerar (o congelar) las mercancías en su interior gracias a un sistema de refrigeración que debe abastecerse de corriente eléctrica, que toma del buque o de la terminal de contenedores. Habitualmente, la temperatura se mantiene en −25 ºC, aunque algunos modelos pueden alcanzar los −60 ºC.

Ejemplo

| Tipo de contenedor | Contenedor frigorífico *(reefer container)* | | | | | | | | |
| | Capacidad y carga útil | | | Medidas internas | | | Medidas externas | | |
	Volumen	MMA	Peso vacío	Largo	Ancho	Alto	Largo	Ancho	Alto
Frigorífico de 20'	28,7 m³	30.480 kg	2.942 kg	5,535 m	2,284 m	2,224 m	6,096 m	2,39 m	2,591 m
	1.014 pies³	67.200 lb	6.490 lb	18' 1 7/8''	7' 5 7/8''	7' 3 1/2''	20'	8'	8'6''
Frigorífico de 40'	60 m³	34.000 kg	4.600 kg	11,563 m	2,294 m	2,161m	12,192 m	2,39 m	2,591m
	2.120 pies³	74.960 lb	10.140 lb	37' 11 1/4''	7' 6 1/4''	7' 1''	40'	8'	8'6''
Frigorífico de 40' Alta capacidad *(high cube)*	67,36 m³	34.000 kg	4.480 kg	11,58 m	2,29 m	2,402 m	12,192 m	2,39 m	2,8961 m
	2.380 pies³	74.960 lb	9.880 lb	37' 11 7/8''	7' 6 1/8''	7' 10 1/2''	40'	8'	9'6''

Ejemplos de contenedores frigoríficos: de atmósfera controlada, ventilados y superrefrigerantes. Es recomendable consultar a la naviera antes de realizar una carga, ya que podrían no caber los embalajes.

Características de los contenedores de plataforma *(flat rack)*

Carecen de laterales y techo, de manera que están formados únicamente por la base y las paredes frontal y posterior, que pueden ser rígidas o abatibles. Se usan principalmente para transportes especiales, y pueden unirse entre sí para soportar mercancías de gran volumen. Se disponen en una zona específica de los buques, ya que su estiba con el resto de unidades de carga suele ser complicada.

Ejemplo

| Tipo de contenedor | Contenedor de plataforma *(flat rack container)* | | | | | | | | |
| | Capacidad y carga útil | | | Medidas internas | | | Medidas externas | | |
	Volumen	MMA	Peso vacío	Largo	Ancho	Alto	Largo	Ancho	Alto
Plataforma de 20'	33,3 m³	45.000 kg	2.900 kg	6,038 m	2,348 m	2,233 m	6,058 m	2,438 m	2,233 m
	1.175 pies³	99.200 lb	6.400 lb	19' 9 3/4"	8'	7' 3 7/8"	20'	8'	7' 3 7/8"
Plataforma de 40'	66,7 m³	26.740–26.850 kg	3.630–3.740 kg	12,03 m	2,345 m	2,4 m	12,192 m	2,438 m	2,591 m
	2.390 pies³	59.000	8.200	39' 6"	7' 8"	7' 10"	40'	8'	8' 6"
Plataforma de 40' Alta capacidad *(high cube)*	63,97 m³	55.000 kg	5.900 kg	12,04 m	2,347 m	2,264 m	12,192 m	2,438 m	2,264 m
	2.390 pies³	121.250 lb	12.900 lb	39'6 1/4"	7' 8 3/8"	7' 5 1/8"	40'	8'	7' 5 1/8"

Características de los contenedores de costado abierto (open side)

Son contenedores que disponen de aperturas por uno o ambos laterales. Normalmente se usan para cargas largas, que no pueden ser cargadas por la parte frontal. Son equipos poco habituales y suelen contratarse bajo petición, con elevados sobrecostos.

Ejemplo

Tipo de contenedor	Contenedor de costado abierto (open side container)								
	Capacidad y carga útil			Medidas internas			Medidas externas		
	Volumen	MMA	Peso vacío	Largo	Ancho	Alto	Largo	Ancho	Alto
Costado abierto de 20'	31 m³	24.160 kg	2.775 kg	5,898 m	2,278 m	2,299 m	6,058 m	2,438 m	2,5913 m
	1.095 pies³	52.910 lb	6.117 lb	19' 4"	7' 5 1/3"	7' 4"	20'	8'	8' 6"
Costado abierto de 40'	66,7 m³	26.700 kg	4.200 kg	12,032 m	2,345 m	2,4 m	12,192 m	2,438 m	2,591 m
	2.390 pies³	58.800	9.200	39' 5 11/6"	7' 8"	7' 10"	40'	8'	8' 6"
Costado abierto de 40' Alta capacidad (high cube)	71,48 m³	24.000 kg	5.700 kg	12,31 m	2,28 m	2,547 m	12,192 m	2,438 m	2,896 m
	2.524 pies³	52.910 lb	12.566 lb	39' 5"	7' 5"	8' 4"	40'	8'	9' 5 6"

Características de las plataformas de transporte

La estructura consiste en una única base sobre la que se coloca la mercancía. Son similares a los contenedores de plataforma, pero carecen de paredes frontales y posteriores. Sirven principalmente para cargas especiales y también pueden unirse para formar bases de gran tamaño para cargas voluminosas.

Ejemplo

Tipo de plataforma	Plataformas de transporte								
	Capacidad y carga útil			Medidas internas			Medidas externas		
	Volumen*	Carga útil	Peso vacío	Largo	Ancho	Alto*	Largo	Ancho	Alto*
 Plataforma de 20'	–	27800 kg	2.200 kg	5,9 m	2,39 m	–	6,058 m	2,438 m	–
		61.288 lb	4.850 lb	19' 4''	7'10''		20'	8'	
Plataforma de 40'	–	40.600 kg	4.400 kg	12,03 m	2,39 m	–	12,192 m	2,438 m	–
		89.507 lb	9.700 lb	39'6''	7'10''		40'	8'	

A pesar de su aparente sencillez, las plataformas no resultan más baratas que los contenedores.

Sobre ellas no puede cargarse mercancía remontada, por lo que solo pueden colocarse en la parte superior de una pila de contenedores o en zonas especialmente habilitadas para ello, lo que deja mucho espacio desaprovechado. Por este motivo, su utilización conlleva un costo elevado.

*Se debe consultar con la empresa transportista el volumen y la altura permitidos.

¿Qué es el código de identificación que aparece en la puerta de los contenedores?

La nomenclatura de los contenedores está regulada por la norma ISO 6346, que establece un sistema de identificación para cada contenedor. Este código está compuesto de:

- Código del propietario o **código BIC** *(Bureau International des Containers et du Transport Intermodal).*
- Letra de identificación del tipo de equipamiento.
- Número de serie.
- Dígito de comprobación.
- Código que establece las medidas y el tipo de contenedor.
- Código de país.
- Marcas de operación.

Codificación

1 **Código de propietario:** compuesto por tres letras mayúsculas que designan al propietario (o principal operador) del contenedor. Este código tiene que estar registrado en el BIC.

2 **Tipo de equipamiento:** se especifica con una estas tres letras:

- U: contenedores de uso corriente.
- J: equipos auxiliares adosables.
- Z: chasis o tráilers de transporte vial.

3 **Número de serie:** número correlativo.

4 **Dígito de comprobación:** mediante unos códigos se suman los números de serie y se comprueba que sea correcto.

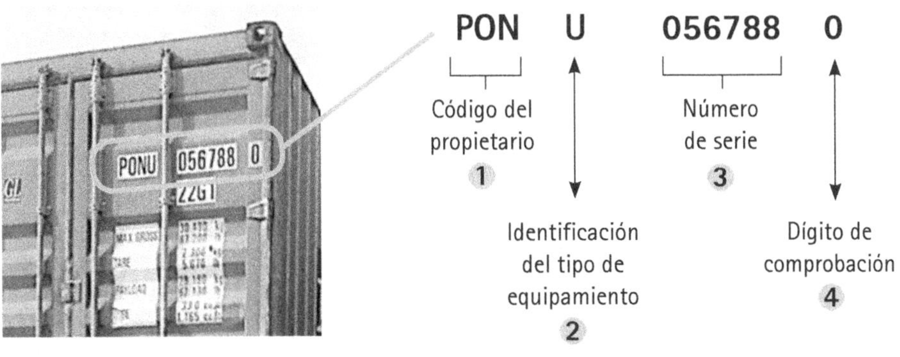

¿Cómo descifrar el código de identificación de los contenedores?

De acuerdo con la norma ISO 6346, en la puerta de los contenedores debe aparecer el **código de las dimensiones y el tipo,** que se compone de cuatro caracteres. Se puede decodificar a través de las tablas publicadas en dicha norma.

Codificación

① Longitud

Código	Longitud
1	10'
2	20'
3	30'
4	40'
B	24'
C	24' 6"
G	41'
H	43'
L	45'
M	48'
N	49'

② Anchura y altura

Código	Alto	Ancho
0	8'	8'
2	8' 6"	8'
4	9'	8'
5	9' 6"	8'
6	> 9' 6"	8'
8	4' 3"	8'
9	<= 4'	8'
C	8' 6"	2.348 mm < × < = 2.500 mm
D	9'	2.348 mm < × < = 2.500 mm
E	9' 6"	2.348 mm < × < = 2.500 mm
F	> 9' 6"	2.348 mm < × < = 2.500 mm

③ ④ Tipo de contenedor

Letra
G = Generales
B = Graneles
H = Refrigerado con equipo extraíble o aislado
P = Plano
R = Refrigerados con equipo propio
S = Animales o automóviles
T = Tanques
U = Contenedor sin techo
V = Ventilados

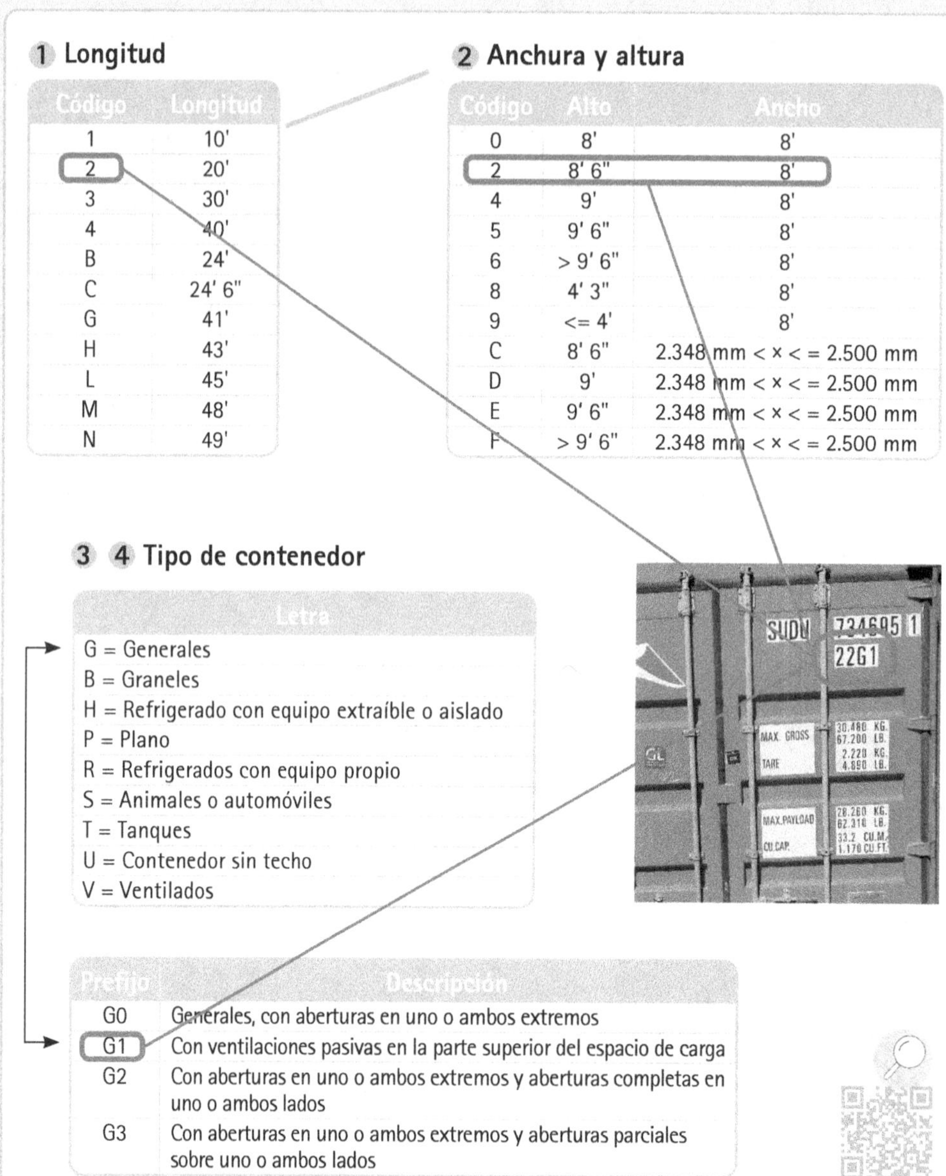

Prefijo	Descripción
G0	Generales, con aberturas en uno o ambos extremos
G1	Con ventilaciones pasivas en la parte superior del espacio de carga
G2	Con aberturas en uno o ambos extremos y aberturas completas en uno o ambos lados
G3	Con aberturas en uno o ambos extremos y aberturas parciales sobre uno o ambos lados

AURUM

¿En qué orden se deben transmitir las medidas para el envío de un bulto?

En un departamento de logística, algunas de las actividades diarias más recurrentes son la petición de cotizaciones o la emisión de órdenes de carga para el envío de paquetes y palés. Es habitual que surjan dudas sobre cómo transmitir la información de las medidas.

Aunque no hay una norma escrita, por uso y costumbre, las medidas se transmiten en este orden:

largo (L) × ancho (B) × alto (H)

Ejemplo

Como se ve en el ejemplo, la forma del bulto cambiaría si el orden de la información se presentara de otro modo.

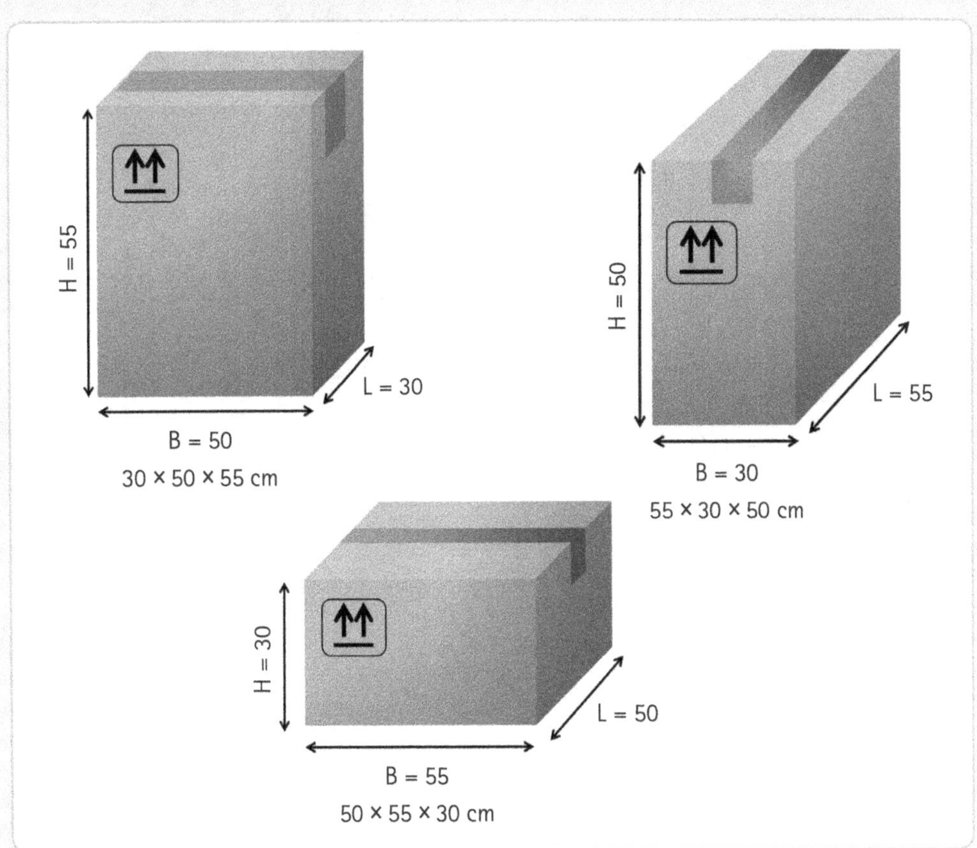

¿Qué es el peso volumétrico y cómo se calcula?

Es un factor corrector que se aplica para el transporte de aquellos bultos que tienen poco peso y mucho volumen. También se conoce como factor de estiba. Sin este factor, podría darse el caso de ocupar un gran volumen por un precio muy bajo.

Su propósito es comercial y no tiene un fundamento físico que permita estandarizar el cálculo. Para calcularlo, cada medio de transporte tiene unos factores propios y muchas compañías establecen sus propios límites.

El **peso facturable** es el mayor entre el peso real y el peso volumétrico.

Si sobre un bulto no se puede remontar nada o si supera una determinada altura, es posible que la compañía exija el cobro de todo el espacio que quede sobre él.

Solución

$$\text{Peso volumétrico (kg) / UE} = \frac{[\text{largo (L)} \times \text{ancho (B)} \times \text{alto (H)}] \text{ cm}}{5.000}$$

$$\text{Peso volumétrico (kg) / fuera UE} = \frac{[\text{largo (L)} \times \text{ancho (B)} \times \text{alto (H)}] \text{ cm}}{6.000}$$

$$\text{Peso volumétrico (kg)} = \frac{[\text{largo (L)} \times \text{ancho (B)} \times \text{alto (H)}] \text{ pulgadas}}{305}$$

$$\text{Peso volumétrico (lb)} = \frac{[\text{largo (L)} \times \text{ancho (B)} \times \text{alto (H)}] \text{ pulgadas}}{166}$$

Otra fórmula muy utilizada es: $1 \text{ m}^3 = 167 \text{ kg}$

Peso volumétrico internacional (kg) =
[largo (L) × ancho (B) × alto (H)] cm × 270 kg

Peso volumétrico internacional (kg) =
[largo (L) × ancho (B) × alto (H)] cm × 333 kg

$1 \text{ m}^3 = 1.000 \text{ kg}$

¿Cómo elegir el canal de transporte por carretera adecuado para un envío?

En el transporte por carretera existe una muy amplia tipología de servicios.

Elegir el canal adecuado puede suponer una importante diferencia de costo, ya que cada canal dispone de sistemas y vehículos especializados en un tramo de la cadena de transporte.

Aunque depende de los recursos técnicos y de las políticas comerciales de cada empresa transportista, partiendo del peso y del volumen del envío se puede elegir el canal más adecuado.

Si el envío es voluminoso y de poco peso, se debe multiplicar el volumen de metros cúbicos por 333 kg.

Ejemplo: 1,2 m³ = 399,6 kg.

Tipología

Transporte terrestre	kg	Vehículos
Mensajería	Hasta 20	
Mensajería urgente / *Courier*	Hasta 20	
Paquetería	De 5 a 1.000	
Mercancía paletizada	De 50 a 6.000	
Grupaje	De 6.000 a 20.000	
Carga completa general	De 20.000 a 25.000	
Portacontenedores	De 5.000 a 25.000	
Transportes especiales	De 20.000 a 100.000	
Transporte de mercancías peligrosas	De 2.000 a 33.000	

¿Qué servicio ofrece cada tipo de buque portacontenedor?

Los diferentes tipos de buques portacontenedores poseen características que los capacitan para rutas marítimas y puertos específicos. Así, los grandes buques con capacidad de hasta 20.000 TEU cubren rutas transoceánicas entre puertos concentradores o *hub*, mientras que los buques alimentadores o *feeder*, realizan tráficos dentro de una misma área geográfica, mediante navegación de cabotaje. Estas son las principales tipologías de buques portacontenedores:

- Los *feeder*, utilizados para transportar mercancías hacia puertos *hub*.
- Los *panamax* y *new panamax* se destinan a servicios de media distancia.
- Los *new panamax* y *malaccamax* se utilizan para servicios transoceánicos o de larga distancia.

Tipología

Tipo		Capacidad (TEU)	Eslora (m)	Manga (m)	Calado (m)
Small feeder		De 100 a 500	De 90 a 200	De 15 a 28	De 7 a 10
Handy/feeder		De 500 a 2.500	De 200 a 250	De 28 a 30	De 10 a 11
Panamax		De 2.500 a 4.000	De 250 a 295	De 30 a 32,25	De 11 a 13,45
Post panamax		De 4.000 a 5.000	De 275 a 305	Hasta 40	De 11 a 13
Post panamax plus		De 5.000 a 8.000	Hasta 335	Hasta 42	De 13 a 14
New panamax		De 8.000 a 14.000	De 335 a 400	De 40 a 51	De 14 a 16
Malaccamax		De 14.000 a 20.000	De 400 a 472	De 49 a 60	De 15,5 a 18

Los primeros contenedores datan de la década de 1950, y dieron lugar a los buques portacontenedores. Debido a la internacionalización de este sistema de transporte de mercancías se construyeron buques de mayor capacidad, como el tipo *panamax* (que se ajusta a las medidas para el tránsito por el canal de Panamá) o el *malaccamax* (que puede navegar por el estrecho de Malaca).

¿Qué fórmulas de contratación se negocian para la carga en buques graneleros?

Los buques graneleros están dotados de bodegas de carga para el transporte de mercancía seca a granel por vías navegables. Sus servicios se organizan en líneas regulares, como los buques portacontenedores, o bajo pedido, sin ruta fija ni fletes uniformes *(tramping)*.

Solución

Se puede contratar el buque completo o parte de él, para cargas parciales, en cuyo caso la naviera calculará el flete según las toneladas y los metros cúbicos que le avance la empresa cargadora.

Es necesario definir el tipo de servicios que se quiere contratar (carga, descarga, estiba, almacenamiento, etc.) indicando uno de estos términos de fletamento:

- **Flete básico:** solo incluye el transporte entre puertos.
- **Condiciones de línea regular o *liner terms:*** flete y operaciones de carga, estiba, desestiba y descarga.
- **FI *(free in):*** flete y operaciones de estiba y descarga. No incluye la carga.
- **FIOST *(free in and out, stowed and trimmed):*** flete y operaciones de estiba y descarga. No incluye la carga ni el trimado.
- **FIOS *(free in and out and stowed):*** flete sin operaciones de carga, descarga y estiba.
- **FILO *(free in, liner out):*** flete y descarga. No incluye la carga.
- **FISLO *(free in and stowed, liner out):*** flete y descarga. No incluye la carga ni la estiba.
- **LIFO *(liner in, free out):*** flete y carga. No incluye la descarga.
- **Flete *all in:*** flete y todas las operaciones de embarque o desembarque, estiba o desestiba y tracción hasta la terminal o el almacén.

¿Qué son las autopistas del mar y cómo se utilizan?

Son rutas marítimas de corta distancia *(short sea shipping)* que ofrecen un servicio regular de transporte para contenedores, graneles o mercancías sobre medios rodantes (ro-ro). Su función es incrementar la agilidad de los tráficos marítimos y reducir el transporte terrestre.

Ventajas

- Generalmente, son más económicas que la carretera.
- Se puede circular en días vetados a la circulación por carretera.
- Se pueden transportar cargas rodadas sin necesidad de conductor, para recogerlas en destino con otro vehículo.
- Ahorran las dietas del personal que conduce los vehículos.
- Facilitan la circulación de mercancías peligrosas y cargas especiales.
- Permiten no someterse a algunas regulaciones restrictivas de peso en carretera en países intermedios.

Aplicaciones

- Si se usa transporte terrestre de forma habitual entre países, conviene conocer qué puertos de salida y servicios de autopistas del mar hay próximos.
- Se pueden conocer las salidas y las condiciones de las rutas a través de la web de las autoridades portuarias y de empresas transitarias o transportistas.
- Al negociar las condiciones de contratación con el porteador conviene consultar si hay que modificar el seguro sobre la carga.
- Finalmente, se realiza la carga y se hace el seguimiento *(track and trace)* anotando los puntos de llegada y salida de puerto.

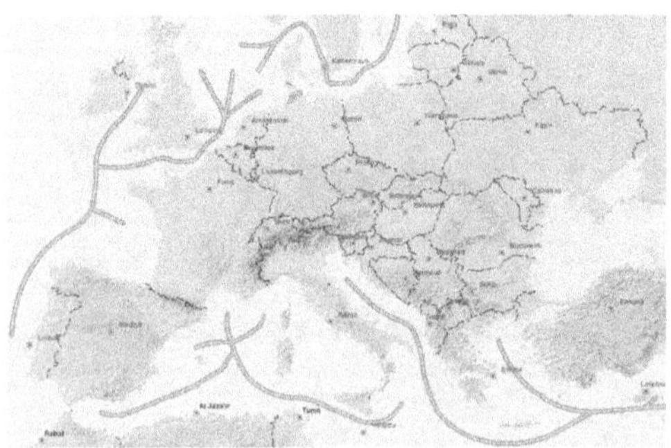

¿Qué son las autopistas ferroviarias y cómo se utilizan?

Se trata de un sistema de transporte ferroviario que permite cargar camiones, cajas móviles o semirremolques sobre vagones plataforma o canguro y transportarlos en unos itinerarios y periodos regulares.

Ventajas

Son las mismas que para las rutas marítimas, añadiendo que las autopistas ferroviarias permiten llegar a múltiples puntos interiores y que el volumen mínimo para sostenerlas económicamente es menor.

Aplicaciones

Las autopistas ferroviarias se pueden contratar para viajes esporádicos (similar a comprar un billete de tren) o para tráficos regulares, pactando condiciones específicas entre la empresa cargadora, la que realiza el transporte por carretera y la operadora ferroviaria.

Una vez decidido su uso, la empresa cargadora y la transportista deben organizar adecuadamente los horarios de carga y ruta, ya que el único posible inconveniente de este sistema frente al transporte por carretera es que hay que llegar a tiempo para la salida programada.

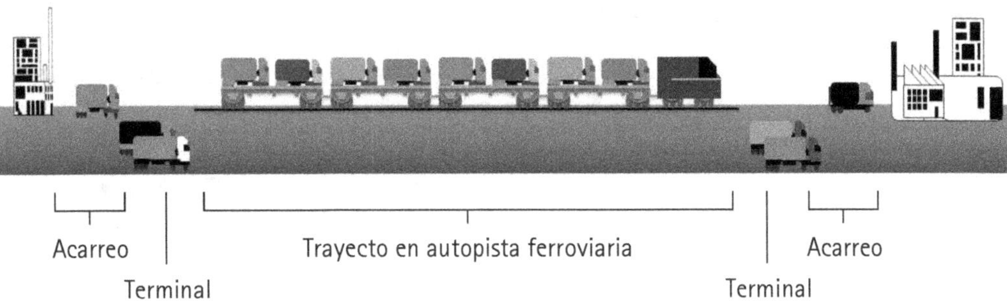

Las autopistas ferroviarias son especialmente rentables a partir de los 650 km de distancia recorrida y si el servicio es sin conductor acompañante.

¿Qué tipos de vagones ferroviarios hay y cómo elegir el adecuado?

Están regulados por la clasificación de la Unión Internacional de Ferrocarriles (UIC) y recogidos en varias normas, principalmente las UIC 571-1 a 571-4, que definen trece tipos de vagones.

Cada tipo tiene un propósito diferente y debe elegirse en función de:

1 Naturaleza de la mercancía.
2 Optimización del peso.
3 Protección exigida.
4 Regulación legal.
5 Precio.

El transporte de contenedores no tiene una clase especial en la UIC; se suele incluir en la clase S.

Tipología

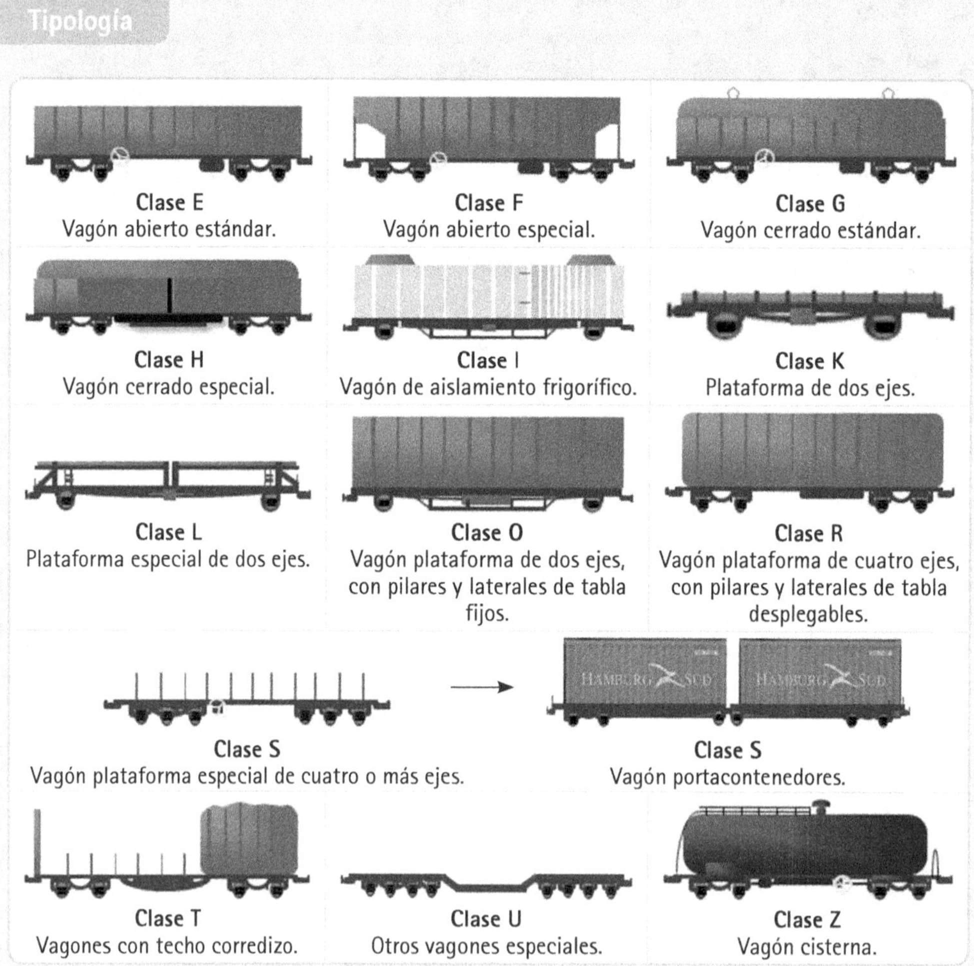

Clase E
Vagón abierto estándar.

Clase F
Vagón abierto especial.

Clase G
Vagón cerrado estándar.

Clase H
Vagón cerrado especial.

Clase I
Vagón de aislamiento frigorífico.

Clase K
Plataforma de dos ejes.

Clase L
Plataforma especial de dos ejes.

Clase O
Vagón plataforma de dos ejes, con pilares y laterales de tabla fijos.

Clase R
Vagón plataforma de cuatro ejes, con pilares y laterales de tabla desplegables.

Clase S
Vagón plataforma especial de cuatro o más ejes.

Clase S
Vagón portacontenedores.

Clase T
Vagones con techo corredizo.

Clase U
Otros vagones especiales.

Clase Z
Vagón cisterna.

¿Qué son las ULD tipo contenedor y cuáles son sus medidas?

ULD es el acrónimo de *united load device* o elemento unitario de carga, que comprende los contenedores y palés que se emplean para formar unidades de carga en el transporte aéreo de mercancías. Se pueden identificar por el tipo (LD-1 o M2, por ejemplo) o por un código formado por tres letras.

Tipología

Tipo de ULD		Nombre	Capacidad y carga útil			Medidas internas		
			Volumen útil (m³)	Tara (kg)	Peso máximo (kg)	Largo (cm)	Ancho (cm)	Alto (cm)
Contenedor AKC perfilado		LD-1	5	70 a 170	1.588	153	156	163
Contenedor DPE perfilado		LD-2	3,4	92	1.225	153	119	163
Contenedor AKE		LD-3	4,5	82	1.588	153	156	163
Contenedor AMU / base P6P		LD-39	15,9	290	5.035	472	243	163
Contenedor ALP rectangular		LD-4	5,5	120	2.449	243,8	153	164
Contenedor ALF perfilado		LD-6	9,1	230	3.175	153	318	163
Contenedor AMP		AMP	10,8	340	4.625	317	248	163
Contenedor DFQ		LD-8	6,88	127	2.450	153	244	163
Contenedor AAP / base P1P		LD-9	10,8	270	6.000	317	223	163
Contenedor AMA / base P6P		M1	17,7	350	6.804	317	243	243
Contenedor AGA 20'		M2	33,7	1.000	11.340	605	243	243
Contenedor RKN refrigerado		LD-3 reefer	4,5	210	1.588	200	153	163

Aunque la mayor parte de ULD están tipificadas por la International Air Transport Association (IATA), muchas compañías aéreas gestionan otras adaptadas a sus aeronaves o a mercancías específicas.

¿Qué son las ULD tipo palé y cuáles son sus medidas?

Los palés son muy usados en los aviones de carga, en sus múltiples formatos. Suelen ser plataformas metálicas a las que se sujeta la mercancía mediante redes o sistemas de trincaje homologados para este tipo de envíos.

Tipología

| Tipo de ULD | Nombre | Capacidad y carga útil | | | Medidas exterior | | |
		Volumen útil (m³)	Tara (kg)	Peso máximo (kg)	Largo (cm)	Ancho (cm)	Alto (cm)
PLA medio palé 60,4'	PLA	7,1	91	3.175	317	153	163
PNA 767 medio palé	PNA 767	5,5	83	2.449	243	163	163
PRA 16' palé plataforma *twin car*	M6	2 cars	130	8.900	497	243	
PMC / P6P palé 96" × 125"	PMC	10,3	110	6.800	317	243	163
Palé PMC / MD contour A	PMC – 2Q	17	110	6.804	317	243	243
Palé 96" × 238,5" / 20'/ P7E	PGF / PGE	33,3	400	13.608	606	243	243
Palé A 320 / A 321	PKC	3,5	55	1.135	153	153	114
Palé P1P 88" × 125"	PAG / P1	9,7	110	6.033	317	223	162
PARA 16' palé con red	MDP	27,6	410	11.300	497	243	243
Palé con estabilizadores UAP	UAP	10,5	195	4.625	317	223	155
Palé con estabilizadores BAV	BAV	7,06	195	4.625	317	223	100
Palé con estabilizadores UMC	UMC	11,5	195	4.625	317	244	155

Anexos

Indicadores de gestión Presupuesto 2025	Enero	Febrero	Marzo	Abril	Mayo	Junio	Julio	Agosto	Sept.	Oct.	Nov.	Dic.	Total
Ventas de transporte	**2,7**	**2,7**	**2,7**	**2,7**	**2,7**	**2,7**	**2,7**	**2,7**	**2,7**	**2,7**	**2,7**	**2,7**	**31,9**
Iberia	0,9	0,9	0,9	0,9	0,9	0,9	0,9	0,9	0,9	0,9	0,9	0,9	10,8
América	0,6	0,6	0,6	0,6	0,6	0,6	0,6	0,6	0,6	0,6	0,6	0,6	6,7
Europa	0,2	0,2	0,2	0,2	0,2	0,2	0,2	0,2	0,2	0,2	0,2	0,2	2,4
África y Oriente Medio	0,3	0,3	0,3	0,3	0,3	0,3	0,3	0,3	0,3	0,3	0,3	0,3	3,6
Asia Pacífico	0,6	0,6	0,6	0,6	0,6	0,6	0,6	0,6	0,6	0,6	0,6	0,6	7,2
Otras ventas	0,1	0,1	0,1	0,1	0,1	0,1	0,1	0,1	0,1	0,1	0,1	0,1	1,2
													0,0
Consumos. Gastos de transporte	(2,0)	(2,0)	(2,0)	(2,0)	(2,0)	(2,0)	(2,0)	(2,0)	(2,0)	(2,0)	(2,0)	(2,0)	(23,6)
Iberia	(0,8)	(0,8)	(0,8)	(0,8)	(0,8)	(0,8)	(0,8)	(0,8)	(0,8)	(0,8)	(0,8)	(0,8)	(9,0)
América	(0,5)	(0,5)	(0,5)	(0,5)	(0,5)	(0,5)	(0,5)	(0,5)	(0,5)	(0,5)	(0,5)	(0,5)	(6,0)
Europa	(0,2)	(0,2)	(0,2)	(0,2)	(0,2)	(0,2)	(0,2)	(0,2)	(0,2)	(0,2)	(0,2)	(0,2)	(1,9)
África y Oriente Medio	(0,3)	(0,3)	(0,3)	(0,3)	(0,3)	(0,3)	(0,3)	(0,3)	(0,3)	(0,3)	(0,3)	(0,3)	(3,0)
Otros gastos de transporte	(0,3)	(0,3)	(0,3)	(0,3)	(0,3)	(0,3)	(0,3)	(0,3)	(0,3)	(0,3)	(0,3)	(0,3)	(3,6)
Suministros	(0,0)	(0,0)	(0,0)	(0,0)	(0,0)	(0,0)	(0,0)	(0,0)	(0,0)	(0,0)	(0,0)	(0,0)	(0,1)
Subcontratación	(0,0)	(0,0)	(0,0)	(0,0)	(0,0)	(0,0)	(0,0)	(0,0)	(0,0)	(0,0)	(0,0)	(0,0)	(0,1)
Margen bruto	**0,7**	**0,7**	**0,7**	**0,7**	**0,7**	**0,7**	**0,7**	**0,7**	**0,7**	**0,7**	**0,7**	**0,7**	**8,3**
Personal	(0,0)	(0,0)	(0,0)	(0,0)	(0,0)	(0,0)	(0,0)	(0,0)	(0,0)	(0,0)	(0,0)	(0,0)	(0,3)
Otros gastos de explotación	(0,0)	(0,0)	(0,0)	(0,0)	(0,0)	(0,0)	(0,0)	(0,0)	(0,0)	(0,0)	(0,0)	(0,0)	(0,0)
Arrendamientos	(0,0)	(0,0)	(0,0)	(0,0)	(0,0)	(0,0)	(0,0)	(0,0)	(0,0)	(0,0)	(0,0)	(0,0)	(0,0)
Reparaciones	(0,3)	(0,3)	(0,3)	(0,3)	(0,3)	(0,3)	(0,3)	(0,3)	(0,3)	(0,3)	(0,3)	(0,3)	(3,6)
Asesorías	(0,0)	(0,0)	(0,0)	(0,0)	(0,0)	(0,0)	(0,0)	(0,0)	(0,0)	(0,0)	(0,0)	(0,0)	(0,0)
Comunicación	(0,0)	(0,0)	(0,0)	(0,0)	(0,0)	(0,0)	(0,0)	(0,0)	(0,0)	(0,0)	(0,0)	(0,0)	(0,0)
Publicidad	(0,0)	(0,0)	(0,0)	(0,0)	(0,0)	(0,0)	(0,0)	(0,0)	(0,0)	(0,0)	(0,0)	(0,0)	(0,0)
Viajes y hoteles	(0,0)	(0,0)	(0,0)	(0,0)	(0,0)	(0,0)	(0,0)	(0,0)	(0,0)	(0,0)	(0,0)	(0,0)	(0,0)
Seguros	(0,0)	(0,0)	(0,0)	(0,0)	(0,0)	(0,0)	(0,0)	(0,0)	(0,0)	(0,0)	(0,0)	(0,0)	(0,1)
Gastos I+D	(0,0)	(0,0)	(0,0)	(0,0)	(0,0)	(0,0)	(0,0)	(0,0)	(0,0)	(0,0)	(0,0)	(0,0)	(0,0)
Gastos diversos	(0,0)	(0,0)	(0,0)	(0,0)	(0,0)	(0,0)	(0,0)	(0,0)	(0,0)	(0,0)	(0,0)	(0,0)	(0,0)
Ajustes ebitda	(0,0)	(0,0)	(0,0)	(0,0)	(0,0)	(0,0)	(0,0)	(0,0)	(0,0)	(0,0)	(0,0)	(0,0)	(0,0)
Ebitda transporte	**0,3**	**0,3**	**0,3**	**0,3**	**0,3**	**0,3**	**0,3**	**0,3**	**0,3**	**0,3**	**0,3**	**0,3**	**4,1**
Amortizaciones	(0,0)	(0,0)	(0,0)	(0,0)	(0,0)	(0,0)	(0,0)	(0,0)	(0,0)	(0,0)	(0,0)	(0,0)	(0,0)
EBIT	**0,3**	**0,3**	**0,3**	**0,3**	**0,3**	**0,3**	**0,3**	**0,3**	**0,3**	**0,3**	**0,3**	**0,3**	**4,1**
Resultados enajenacion y deterioro inmov.	(0,0)	(0,0)	(0,0)	(0,0)	(0,0)	(0,0)	(0,0)	(0,0)	(0,0)	(0,0)	(0,0)	(0,0)	(0,0)
Provisión deterioro fondo de comercio	0,0	0,0	0,0	0,0	0,0	0,0	0,0	0,0	0,0	0,0	0,0	0,0	0,0
Resultados excepcionales	0,0	0,0	0,0	0,0	0,0	0,0	0,0	0,0	0,0	0,0	0,0	0,0	0,0
Remuneraciones consejo	(0,0)	(0,0)	(0,0)	(0,0)	(0,0)	(0,0)	(0,0)	(0,0)	(0,0)	(0,0)	(0,0)	(0,0)	(0,0)
Resultado explotación	**0,3**	**0,3**	**0,3**	**0,3**	**0,3**	**0,3**	**0,3**	**0,3**	**0,3**	**0,3**	**0,3**	**0,3**	**4,1**
Ingresos financieros	0,0	0,0	0,0	0,0	0,0	0,0	0,0	0,0	0,0	0,0	0,0	0,0	0,2
Gastos financieros I	(0,0)	(0,0)	(0,0)	(0,0)	(0,0)	(0,0)	(0,0)	(0,0)	(0,0)	(0,0)	(0,0)	(0,0)	(0,0)
Comisiones	(0,0)	(0,0)	(0,0)	(0,0)	(0,0)	(0,0)	(0,0)	(0,0)	(0,0)	(0,0)	(0,0)	(0,0)	(0,0)
Otros gastos	(0,0)	(0,0)	(0,0)	(0,0)	(0,0)	(0,0)	(0,0)	(0,0)	(0,0)	(0,0)	(0,0)	(0,0)	(0,0)
Prestamo participativo (PPL)	(0,0)	(0,0)	(0,0)	(0,0)	(0,0)	(0,0)	(0,0)	(0,0)	(0,0)	(0,0)	(0,0)	(0,0)	(0,1)
EBT	**0,4**	**0,4**	**0,4**	**0,4**	**0,4**	**0,4**	**0,4**	**0,4**	**0,4**	**0,4**	**0,4**	**0,4**	**4,2**
Impuesto Sociedades	(0,0)	(0,0)	(0,0)	(0,0)	(0,0)	(0,0)	(0,0)	(0,0)	(0,0)	(0,0)	(0,0)	(0,0)	(0,0)
Otros impuestos	(0,0)	(0,0)	(0,0)	(0,0)	(0,0)	(0,0)	(0,0)	(0,0)	(0,0)	(0,0)	(0,0)	(0,0)	(0,0)
Rendimiento neto	**0,3**	**0,3**	**0,3**	**0,3**	**0,3**	**0,3**	**0,3**	**0,3**	**0,3**	**0,3**	**0,3**	**0,3**	**4,2**
De operaciones continuadas	(0,0)	(0,0)	(0,0)	(0,0)	(0,0)	(0,0)	(0,0)	(0,0)	(0,0)	(0,0)	(0,0)	(0,0)	(0,0)
De operaciones no continuadas	(0,0)	(0,0)	(0,0)	(0,0)	(0,0)	(0,0)	(0,0)	(0,0)	(0,0)	(0,0)	(0,0)	(0,0)	(0,0)
Rendimientos minoritarios	(0,0)	(0,0)	(0,0)	(0,0)	(0,0)	(0,0)	(0,0)	(0,0)	(0,0)	(0,0)	(0,0)	(0,0)	(0,0)
Rendimiento atribuible	**0,3**	**0,3**	**0,3**	**0,3**	**0,3**	**0,3**	**0,3**	**0,3**	**0,3**	**0,3**	**0,3**	**0,3**	**4,1**

Véanse la ficha A1 ¿Cómo calcular el presupuesto de un área o departamento?
y la ficha A9 ¿Qué es el ebitda y cómo contribuir a su mejora?

Anexo a2. Ejemplo de KPI individual

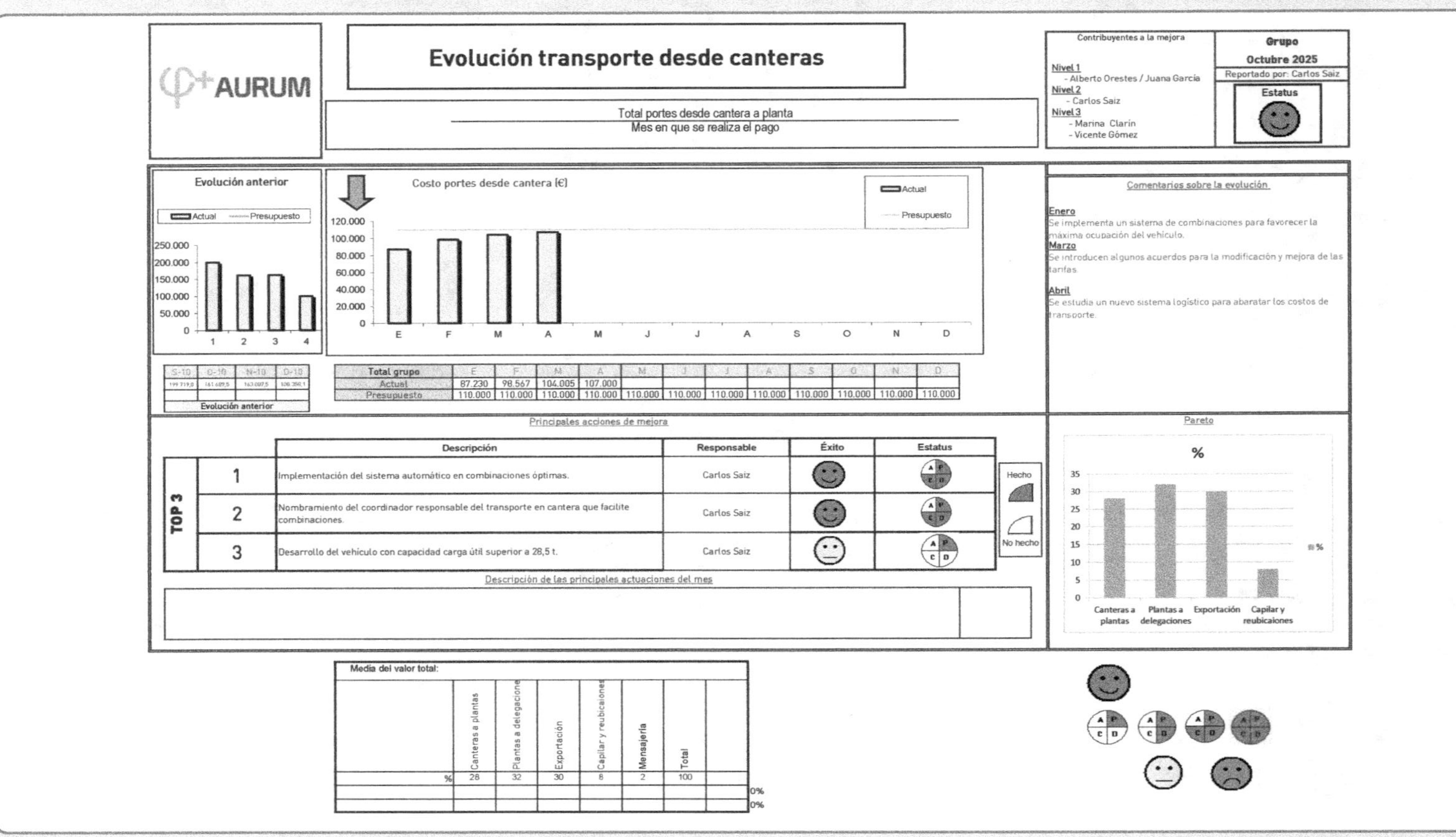

Véase la ficha A4 ¿Cómo presentar los KPI?

Anexo a3. Ejemplo de tabla de desempeño informática

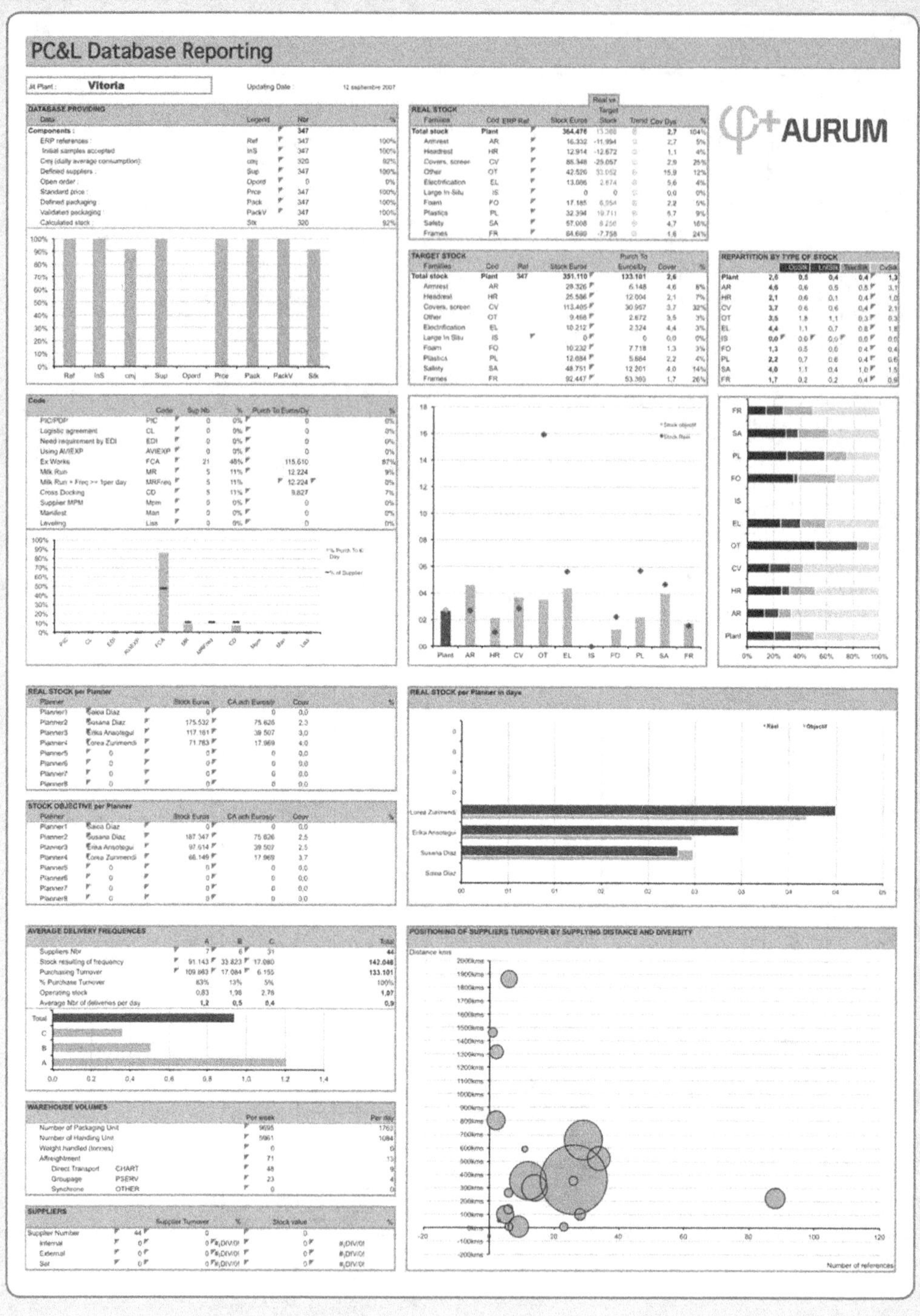

Véase la ficha A4 ¿Cómo presentar los KPI?

Anexo a4. Ejemplo de cuenta de resultados

Indicadores de gestión
Cuenta de resultados

	Enero			Febrero			Marzo			Abril			Mayo			
	Presupuesto	Real	Desviación	Presupuesto	Real	Desviación	Presupuesto	Real	Desviación	Presupuesto	Real	Desviación	Presupuesto	Real	Desviación	
Ventas de transporte	2,7	2,8	0,2													
Iberia	0,9	0,8	(0,1)													
America	0,6	0,6	0,0													
Europa	0,2	0,2	(0,0)													
África y Oriente Medio	0,3	0,5	0,2													
Asia Pacífico	0,6	0,8	0,2													
Otras ventas	0,1	0,0	(0,1)													
Gastos de transporte	(2,0)	(2,0)	(0,1)													
Iberia	(0,8)	(0,7)	0,1													
América	(0,5)	(0,5)	0,0													
Europa	(0,2)	(0,2)	0,0													
África y Oriente Medio	(0,3)	(0,4)	(0,2)													
Otros gastos de transporte	(0,3)	(0,3)	0,0													
Suministros	(0,0)	(0,0)	0,0													
Subcontratación	(0,0)	(0,0)	0,0													
			0,0													
Margen bruto	0,7	0,8	0,1													
Personal	(0,0)	(0,0)	(0,0)													
Otros gastos explotación	(0,0)	(0,0)	0,0													
Arrendamientos	(0,0)	(0,0)	0,0													
Reparaciones	(0,0)	(0,0)	(0,0)													
Asesorías	(0,0)	(0,0)	0,0													
Comunicación	(0,0)	(0,0)	(0,0)													
Publicidad	(0,0)	(0,0)	0,0													
Viajes y hoteles	(0,0)	(0,0)	0,0													
Seguros	(0,0)	(0,0)	0,0													
Gastos I+D	(0,0)	(0,0)	(0,0)													
Gastos diversos	(0,0)	(0,0)	(0,0)													
Ajustes ebitda	(0,0)	(0,0)	(0,0)													
Ebitda transporte	0,6	0,7	0,1													
Amortizaciones	(0,0)	(0,0)	0,0													
EBIT	0,6	0,7	0,1													
Resultados enajenacion y deterioro inmovil	(0,0)	(0,0)	(0,0)													
Provisión deterioro fondo de comercio	0,0	0,0	0,0													
Resultados excepcionales	0,0	0,0	0,0													
Remuneraciones consejo	(0,0)	(0,0)	(0,0)													
Resultado explotación	0,6	0,7	0,1													
Ingresos financieros	0,0	0,0	0,0													
Gastos financieros I	(0,0)	(0,0)	0,0													
Comisiones	(0,0)	(0,0)	0,0													
Otros gastos	(0,0)	(0,0)	0,0													
Prestamo participativo (PPL)	(0,0)	(0,0)	0,0													
EBT	0,6	0,7	0,1													
Impuesto Sociedades	(0,0)	(0,0)	0,0													
Otros impuestos	(0,0)	(0,0)	0,0													
Rdo. Neto.	0,6	0,7	0,1													
De operaciones continuadas	(0,0)	(0,0)	0,0													
De operaciones no continuadas	(0,0)	(0,0)	0,0													
Rendimientos minoritarios	(0,0)	(0,0)	0,0													
Rendimiento atribuible	0,6	0,7	0,1													

Véase la ficha A9 ¿Qué es el ebitda y cómo contribuir a su mejora?

Anexo a5. Ejemplo de informe o consulta en hoja de cálculo

Surtido	Planta	Material	Puerto de orígen	País	Tipo de transporte	Términos de la compra	Densidad	Flete €/t	Descarga +T3 €/t	Terrestre €/t	Total transporte €/m3	Flete	FOB (menos transporte)	FOB (transporte)	Total
Sí	N-8	Verde Coto	Vitoria	Brasil	Contenedor	FOB	4	71,82 €	18,18 €	6,82 €	384,50 €	1.580,00 €	400,00 €	150,00 €	2.114,73 €
Sí	N-8	Verde Lara	Vitoria	Brasil	Contenedor	FOB	4	71,82 €	18,18 €	6,82 €	384,50 €	1.580,00 €	400,00 €	150,00 €	2.114,73 €
Sí	N-8	Verde Ubatuba	Vitoria	Brasil	Contenedor	FOB	4	71,82 €	18,18 €	6,82 €	384,50 €	1.580,00 €	400,00 €	150,00 €	2.114,73 €
Sí	N-8	Verde Savana	Vitoria	Brasil	Contenedor	FOB	4	71,82 €	18,18 €	6,82 €	384,50 €	1.580,00 €	400,00 €	150,00 €	2.114,73 €
Sí	N-8	Solarius	Vitoria	Brasil	Contenedor	FOB	4	71,82 €	18,18 €	6,82 €	384,50 €	1.580,00 €	400,00 €	150,00 €	2.114,73 €
Sí	N-8	Lennon	Vitoria	Brasil	Contenedor	FOB	4	71,82 €	18,18 €	6,82 €	384,50 €	1.580,00 €	400,00 €	150,00 €	2.114,73 €
Sí	N-8	Delicatus	Vitoria	Brasil	Contenedor	FOB	4	71,82 €	18,18 €	6,82 €	384,50 €	1.580,00 €	400,00 €	150,00 €	2.114,73 €
Sí	N-8	Marisma	Vitoria	Brasil	Contenedor	FOB	4	71,82 €	18,18 €	6,82 €	384,50 €	1.580,00 €	400,00 €	150,00 €	2.114,73 €
Sí	N-8	Matrix/titanium	Suape	Brasil	Contenedor	FOB	4	62,27 €	17,27 €	6,82 €	339,08 €	1.370,00 €	380,00 €	150,00 €	1.864,92 €
Sí	N-8	Verde Imperial	Suape	Brasil	Contenedor	FOB	4	62,27 €	17,27 €	6,82 €	339,08 €	1.370,00 €	380,00 €	150,00 €	1.864,92 €
Sí	N-8	Juparaiba	Suape	Brasil	Contenedor	FOB	4	62,27 €	17,27 €	6,82 €	339,08 €	1.370,00 €	380,00 €	150,00 €	1.864,92 €
	N-8	Multicolor Rojo	Chennai	India	Contenedor	FOB	4,2	71,36 €	17,05 €	6,82 €	439,09 €	1.570,00 €	375,00 €	150,00 €	2.300,00 €
	N-8	Negro K.R.	Chennai	India	Contenedor	FOB	4,2	71,36 €	17,05 €	6,82 €	439,09 €	1.570,00 €	375,00 €	150,00 €	2.300,00 €
	N-8	Kashmir Gold	Tuticorin	India	Contenedor	FOB	4,2	71,36 €	17,05 €	6,82 €	399,95 €	1.570,00 €	375,00 €	150,00 €	2.095,00 €
	N-8	River White	Tuticorin	India	Contenedor	FOB	4,2	71,36 €	17,05 €	6,82 €	399,95 €	1.570,00 €	375,00 €	150,00 €	2.095,00 €
	N-8	Shivakashi	Tuticorin	India	Contenedor	FOB	4,2	71,36 €	17,05 €	6,82 €	399,95 €	1.570,00 €	375,00 €	150,00 €	2.095,00 €
	N-8	Azul Vizag	Vizag	India	Contenedor	FOB	4,2	61,82 €	17,05 €	6,82 €	359,86 €	1.360,00 €	375,00 €	150,00 €	1.885,00 €
Sí	N-8	Multicolor Rojo	Chennai	India	Bodega	FOB	4,2	50,61 €	12,12 €	3,60 €	278,59 €				
Sí	N-8	Negro K.R.	Chennai	India	Bodega	FOB	4,2	50,61 €	12,12 €	3,60 €	278,59 €				
Sí	N-8	Kashmir Gold	Tuticorin	India	Bodega	FOB	4,2	50,61 €	12,12 €	3,60 €	278,59 €				
Sí	N-8	River White	Tuticorin	India	Bodega	FOB	4,2	50,61 €	12,12 €	3,60 €	278,59 €				
Sí	N-8	Shivakashi	Tuticorin	India	Bodega	FOB	4,2	50,61 €	12,12 €	3,60 €	278,59 €				
Sí	N-8	Azul Vizag	Vizag	India	Bodega	FOB	4,2	50,61 €	12,12 €	3,60 €	278,59 €				
Sí	N-8	Royal Green	Santos	Brasil	Contenedor	En el puerto de Alicante	4				15,60 €				
Sí	POR	Negro Angola	Namibe	Angola	Bodega	CIF Vigo/DDU Vigo	3,8		7,68 €	3,30 €	41,72 €				
Sí	POR	Marrón Cohiba	Namibe	Angola	Bodega	DDU Vigo	3,8			3,30 €	12,54 €				
Sí	POR	Silver Black	Namibe	Angola	Bodega	En n/fábrica	3,8				0,00 €				
Sí	POR	Negro Sudáfrica	Richards Bay	Sudáfrica	Bodega	CIF Vigo	3,8		7,79 €	3,30 €	42,14 €				
Sí	POR	Negro Zimbabwe	Beira	Mozambique	Bodega	CIF Vigo	3,8		7,79 €	3,30 €	42,14 €				
Sí	POR	Marrón Báltico	Kotka	Finlandia	Bodega	FOB	3,5	33,43 €	7,68 €	3,30 €	155,44 €				
Sí	POR	Rojo Águila	Kotka	Finlandia	Bodega	FOB	3,5	33,43 €	7,68 €	3,30 €	155,44 €				
Sí	POR	Rojo Balmoral	Turku	Finlandia	Bodega	FOB	3,5	33,43 €	7,68 €	3,30 €	155,44 €				
Sí	POR	Labrador Claro	Larvik	Noruega	Bodega	FOB	3,5	23,31 €	7,68 €	3,30 €	120,02 €				
Sí	POR	Labrador Oscuro	Larvik	Noruega	Bodega	FOB	3,5	23,31 €	7,68 €	3,30 €	120,02 €				
Sí	POR	Marina Blue Star	Larvik	Noruega	Bodega	FOB	3,5	23,31 €	7,68 €	3,30 €	120,02 €				
Sí	N-8	Blanco Ibiza	Izmir	Turquía	Contenedor	FOB	3,5		16,36 €	6,82 €	81,14 €	576,00 €	360,00 €	150,00 €	1.105,06 €
Sí	N-8	Travertino Turco	Izmir	Turquía	Contenedor	FOB	3,5		16,36 €	6,82 €	81,14 €	576,00 €	360,00 €	150,00 €	1.105,06 €

Véase la ficha A21 ¿Qué formatos de emisión de reportes se pueden usar en logística?

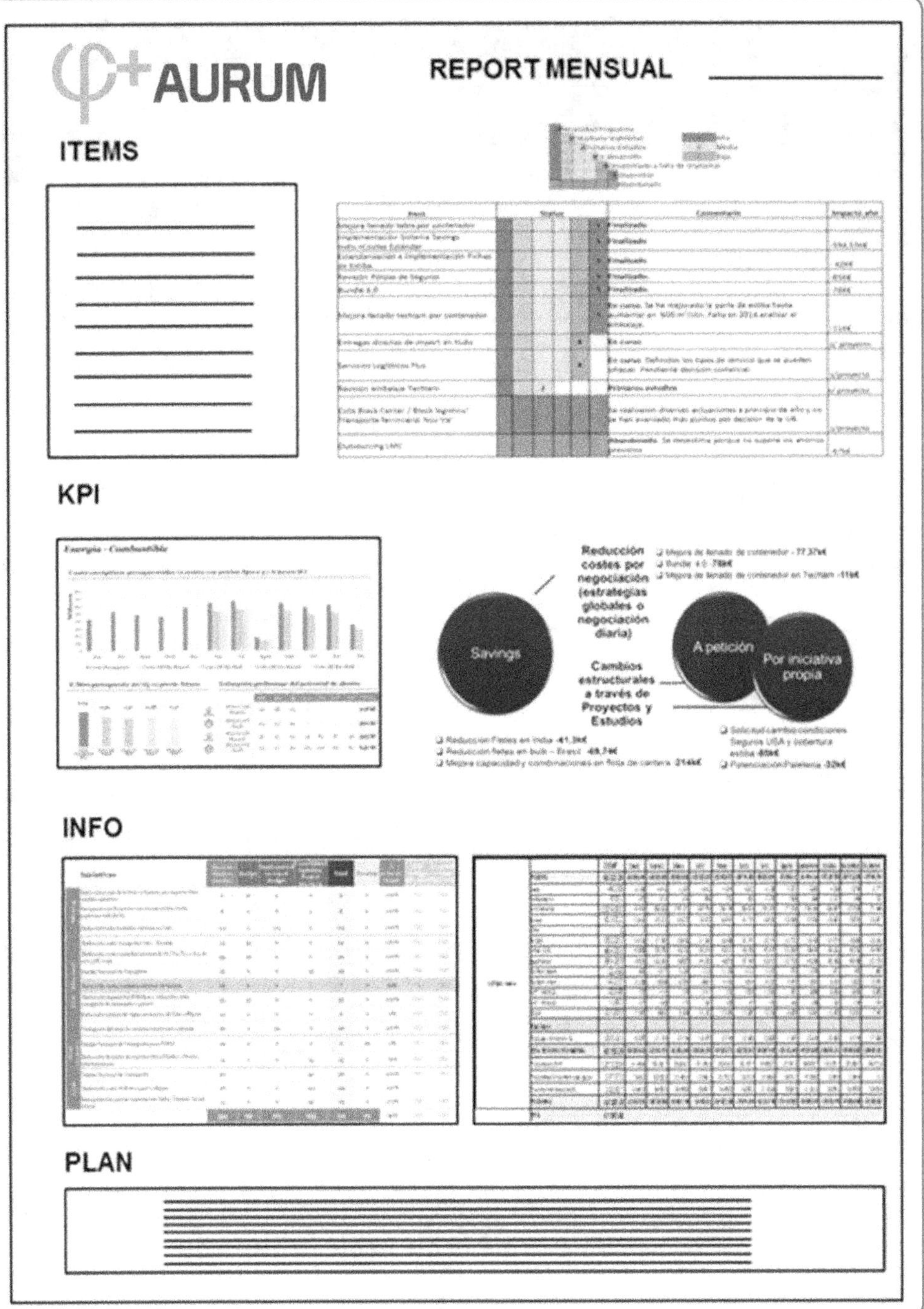

Véase la ficha A21 ¿Qué formatos de emisión de reportes se pueden usar en logística?

Anexo b1. Ejemplo de ficha 8D

D1 — Descripción de las circunstancias

Logo empresa	Punto donde se ha originado el problema	Producción: ☐	Calidad: ☐	Otros: ▆	8D
		Logística: almacenes [X] Transporte [X]		Tiempo perdido por accidente ☐	

Responsables de corregir el problema: Alfonso Marcel		Planta: Bohadilla	Lugar: Bohadilla

Fecha: 30/1/2025	Hora: 8:30	Titular del problema: caída de pieza 2541959, con daños materiales a carretilla	

Personas que detectaron el problema	Si se ha producido con anterioridad, número de veces y descripción de los hechos	Departamentos o áreas afectadas	Esquema de los daños
Salvador Hernández, operario	Sí, en diversas ocasiones	Almacén / Calidad / Producción / Recursos humanos	Eje trasero direccional dañado por impacto brusco contra el suelo tras elevarse. Impacto al operario, con riesgo de daños

Descripción de los hechos:

El operario sacó la pieza del camión, con un peso de 7.200 kg. Una vez fuera del mismo, a 1,5 m de altura, la pieza comenzó a desplazarse hacia delante, elevando la parte trasera de la carretilla. Finalmente, la pieza cayó, volviendo la carretilla al contacto con el suelo bruscamente y produciendo una rotura del eje trasero, al tiempo que un fuerte impacto para el operario.

¿La actuación ante este problema está protocolizada?. Si la respuesta es positiva, ¿en qué procedimiento?

No adecuadamente. Se ha formado al personal en el carnet de carretilla y en el riesgo del puesto, pero no está protocolizada la manipulación de esta pieza en particular.

Fotos

D2

Riesgo en procesos o productos similares:	Sí: x	No:	Si es sí, ¿dónde?: En todas las manipulaciones de piezas metálicas

D3 — Acciones correctivas inmediatas

N°	Acciones correctivas inmediatas / medidas de contingencia	Responsables
1	Paralizar la carretilla y no manipular este tipo de piezas con carretilla hasta nueva orden	Amalio Rodríguez
2	Dar al calderero la instrucción de realizar todos los puntos de anclaje indicados en el plano	Álvaro Espinosa
3	Elaborar una instrucción adecuada para la manipulación	Jorge Campos
4	Consultar a almacén y a calderero sobre cómo se manipulará desde la fase de diseño	Noelia Becerril
5	Solicitar la presencia de un experto para analizar el problema en profundidad	Maite Zuriel

D4 y D5 — Causa raíz de la no detección y concurrencia (5 por qué) 24 horas

Causa raíz de la no detección: no es un problema habitual y tiene una difícil detección. Adicionalmente, hemos comprobado que se trata de un conjunto de problemas y no de uno solo

Por qué 1	Por qué 2	Por qué 3	Por qué 4	Por qué 5
La pieza se ha deslizado hacia adelante	No llevaba ningún elemento de sujeción y es hierro contra hierro	No se consideró necesario en el diseño	Hay muchas piezas y no se estimaba oportuno	No hay unas directrices claras sobre cómo actuar en estas operaciones
Las uñas estaban posiblemente rectas o algo inclinadas hacia adelante	No se puede asegurar que el carretillero, solo con la vista, pueda nivelarlo	El carretillero tampoco tiene una instrucción clara sobre la inclinación a usar	No hay una formación y entrenamiento especiales para este tipo de piezas	Las piezas son muchas y no se ha abordado nunca
No se tiene claro si la carretilla puede soportar este peso	Se compró de segunda mano y no tiene libro técnico	No aparece una ficha muy clara sobre la escala de manipulación	No se ha abordado con el proveedor la necesidad de hacerlo	El proveedor tampoco ha trasladado una instrucción clara sobre esta manipulación
En la manipulación, el operario no bajó la pieza nada más sacarla del camión	Incumplió las directrices del curso de carretillero y del manual (pág. 12)	No hubo un entrenamiento adecuado y el operario no lo asimiló como hábito	Dado que la pieza es muy resbaladiza, el operario pudo considerar que no era efectiva y no la aplicó	No hay un útil claramente eficaz para esta manipulación, ni una instrucción clara
En el camión, las piezas vienen sin ningún soporte	No hay un protocolo de estiba adecuado que abarque todo el ciclo	No se ha diseñado, dado el número de piezas y el conocimiento técnico necesario	Hay que hacer una ficha de PRL por producto o, al menos, familia de productos	Los procedimientos tienen que hacerse desde el proveedor

D6 i D7 — Plan de acción: 24 horas. Revisado: 10 días

Problema (causa raíz)	Acción	Responsable	Fecha	Hecho (fecha)	Revisado (Fecha)	Acción efectiva S/N
No hay unas instrucciones sobre el útil y la forma de operar	Establecer un útil (recomendado *spreader*) para manejo de cargas con seguridad y adaptable a múltiples piezas	Jorge Amando	15/02/2025			
No está claro el peso que puede transportar	Se adquirirá un manual y se establecerá un diagrama de cargas específico para conocer si la carretilla puede usarse	Jorge Amando	15/02/2025			
No hay un protocolo específico para el manejo y carga de las piezas	Establecer un protocolo de seguridad para las diferentes familias de piezas	Jorge Amando	15/02/2025			
No hay una formación específica para los operarios relacionadas con la manipulación	Establecer una formación específica para manipulación de cargas, acorde a la normativa y se hará un entrenamiento	Noelia Zuriel	15/02/2025			
No hay protocolos de estiba implementados	Se realizará un protocolo de estiba para cubrir todo el proceso desde el proveedor hasta la carga final	Noelia Zuriel	20/02/2025			
Existe un riesgo de atropellos o daños a terceros por falta de señalización	Se debe señalizar la zona de carga, canalizando el paso de personas y dotando de elementos acústicos adecuados	Alvaro Espinosa	28/02/2025			

D8 — Validación cierre 1 mes

Jefe de planta	Responsable de RR.HH.	Auditor Carlos Hernández	Objetivo conseguido (S/N - Fecha):
Firma/s	Firma	Firma	
Fecha:	Fecha:	Fecha:	

Véase la ficha B6 ¿Qué técnicas de creatividad se pueden emplear para innovar?

Anexos

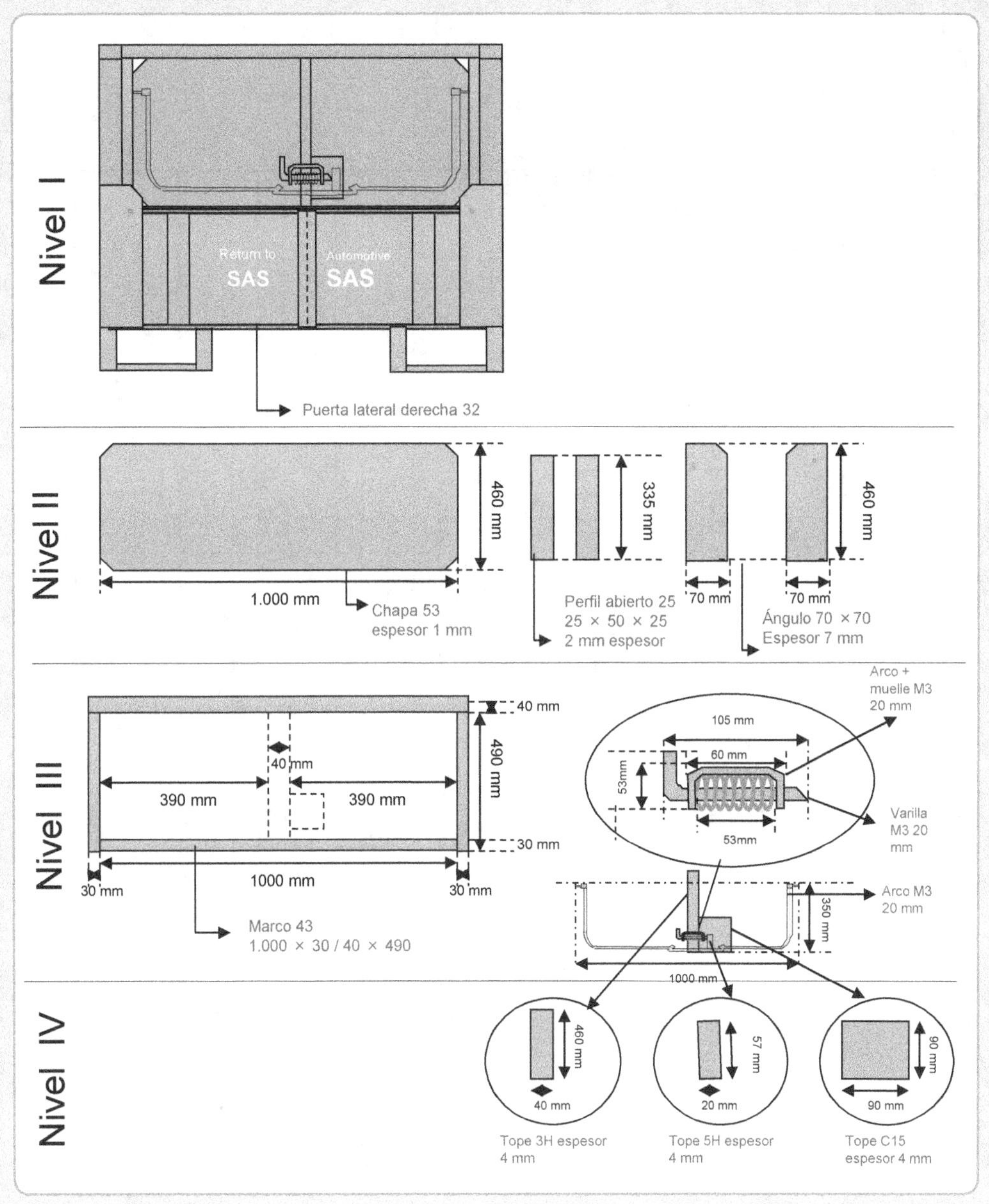

Véase la ficha C20 ¿Qué es la lista de materiales y cómo se utiliza?

Anexo c2. Ejemplo de orden de aprovisionamiento

Orden de aprovisionamiento				Número de solicitud		243123000	
IOS X	Proveedor	Código de proveedor	Contacto	Correo electrónico		Número de órden	Ocupación camión (%)
	SUPERPLAST	**47430000**	Alfonso Brugera	abruguera@superplast.com		231234	98,30
	Destinatario	Código del cliente	Contacto	IOS X			
	IOS X	**47430000**	Sergio de Dávila	sded@iosx.com			

Transportista	Día de carga	Hora llegada	Hora salida	Puerta/muelle	IOS X Día descarga	IOS X Hora llegada	IOS X Hora salida	IOS X Código entrada
Truck&Wheel	**12/4/25**	**16:00**	**18:00**	**M234**	**13/4/25**	**7:00**	**8:00**	**I-003**

Solicitud

Linea	Referencia proveedor	Referencia cliente	Descripción	Piezas/ envase	Envases requeridos	Total piezas	Piezas stock	Superplast Rotura actual de stock	IOS X Posibilidad de servicio
1	P103849040000	A639690 4053 7D43	PILAR-A D GR	36	11	396	324		No conforme
2	P103847040000	A639690 3953 7D43	PILAR-A I GR	36	11	396	324		No conforme
3	P103852150000	A639690 4253 7G91	PILAR-A D GRT	36	0	0	0		
4	P105634150000	A639690 5853 7G91	PILAR-A D WB GRT	36	0	0	0		
5	P103851150000	A639690 4153 7G91	PILAR-A I GRT	36	0	0	0		
14	P105633160000	A639690 5753 8K34	PILAR-A I WB KT	36	0	0	0		
15	P104786040000	A639690 5053 7D43	PILAR-B SUP D GR	96	1	96	96		Conforme
16	P108193040000	A639690 6953 7D43	PILAR-B SUP D GR KAWA	96	1	96	96		Conforme
17	P104788040000	A639690 4853 7D43	PILAR-B SUP D PAREDSEP GR	96	1	96	96		Conforme
18	P116802040000	A 639 690 85 53 7D43	PIL-B SUP D CE G	96	0	0	0		
19	P116809040000	A 639 690 89 53 7D43	PIL-B SUP D CE WB G	96	0	0	0		
20	P104780040000	A639690 4353 7D43	PILAR-B SUP I GR	32	3	96	96		Conforme
21	P104785040000	A639690 4953 7D43	PILAR-B SUP I KW GR	96	0	0	0		
22	P116808150000	A 639 690 90 53 7G91	PIL-B SUP I CE WB GT	96	0	0	0		
			Total envases y piezas		**52**	**2236**			

Proveedor	Conductor	Receptor	Datos entrega		
X_______________	X_______________	X_______________	Líneas pedidas	22	90.909
			Líneas no conforme	2	**MPM**

Véase la ficha C22 ¿Qué son las órdenes de aprovisionamiento?

Biblioteca de Logística

Manual del transporte en contenedor
Jaime Rodrigo de Larrucea

Gestión de existencias y almacenes
Sergi Flamarique

Logística urbana. Manual para operadores logísticos y administraciones públicas
Ignasi Ragàs

Flujos de mercancías en el almacén. Procesos internos y de entrada y salida
Sergi Flamarique

Normativa del transporte de mercancías por carretera
Alfonso Cabrera Cánovas

Manifiesto Ciberhumanista
Eva María Hernández Ramos, Luis Carlos Hernández Barrueco

Transporte marítimo de mercancías
Rosa Romero, Alfons Esteve

Técnicas para ahorrar costos logísticos. Aurum 2
Luis Carlos Hernández Barrueco

Gestión de operaciones de almacenaje
Sergi Flamarique

Técnicas de mejora continua en el transporte
Lander Tolosa

Técnicas para ahorrar costos en el transporte. Aurum 2E
Luis Carlos Hernández Barrueco

Título de transportista. Competencia profesional para el transporte de mercancías por carretera
Francisco Martín Jiménez

La llamada culpa grave en el transporte de mercancías por carretera
Francisco Sánchez-Gamborino

Técnicas logísticas para innovar, planificar y gestionar. Aurum 1
Luis Carlos Hernández Barrueco

Manual de transporte para el comercio internacional
Cristina Peña Andrés

La mente y el corazón del logista
Laura Pujol Giménez, Mariano F. Fernández

Manual del transporte marítimo
Agustín Montori Díez, Carlos Escribano Muñoz, Jesús Martínez Marín

Manual del transporte de mercancías
Jaime Mira, David Soler

Unidades de carga en el transporte
David Soler

Carretilla frontal contrapesada. Normas de uso y seguridad
VVAA

Seguridad marítima. Teoría general del riesgo
Jaime Rodrigo de Larrucea

Manual técnico de carretillas elevadoras
Vicenç Ripoll

Estiba y trincaje de las mercancías en contenedor
Francisco Fernández Sasiaín

Transporte ferroviario de mercancías
Miguel Ángel Dombriz

Transporte en contenedor
Jaime Rodrigo de Larrucea, Ricard Marí, Álvaro Librán

El transporte por carretera
José Manuel Ruiz Rodríguez

Logística hospitalaria
Borja Ozores

La seguridad en los puertos
Ricard Marí, Jaime Rodrigo de Larrucea, Álvaro Librán

Centros logísticos
Ignasi Ragàs

El Convenio CMR
Francisco Sánchez-Gamborino, Alfonso Cabrera Cánovas

Transporte de mercancías por carretera. Manual de competencia profesional
José Manuel Ruiz Rodríguez

Soluciones logísticas para optimizar la cadena de suministro
Francisco Álvarez Ochoa

El transporte internacional por carretera
Alfonso Cabrera Cánovas

El contrato de transporte por carretera (Ley 15/2009)
Alfonso Cabrera Cánovas

El seguro de las mercancías en el transporte
Albert Badia

Diccionario de logística
David Soler

Cómo hacer de la cadena de suministro un centro de valor
Angel Caja Corral

Cadena de suministro 4.0.
Alberto Tundidor, Eva Hernández, Cristina Peña, Javier Martínez, Javier Campos, Carlos Hernández

El crédito documentario y el mensaje SWIFT
Luis Sánchez Cañizares

La investigación en seguridad. Del Titanic a la ingeniería de la resiliencia
Jaime Rodrigo de Larrucea

Manual del comercio electrónico
Eva María Hernández Ramos, Luis Carlos Hernández Barrueco

Sales and operations planning. S&OP in 14 steps
Cristina Peña Andrés

Economías transformadoras de Barcelona
Ruben Suriñach Padilla

Planificación de ventas y operaciones. S&OP en 14 claves
Cristina Peña Andrés

Cómo participar en ferias comerciales
Cristina Peña Andrés

Manual de prevención de riesgos laborales
Blas Gómez

La economia social y solidaria en Barcelona
Ivan Miró, Anna Fernàndez

Negociación para el comercio internacional
Cristina Peña Andrés

Manual del manipulador de alimentos
Blas Gómez

La economía social y solidaria en Barcelona
Anna Fernàndez, Ivan Miró

Manual de seguridad en el trabajo
Marge Books

Cómo innovar en las pymes. Manual de mejora a través de la innovación
Alberto Tundidor Díaz

Guía documental para exportar e importar. Los 12 documentos clave
Alberto García Trius

Mass customization. Las claves de la personalización masiva
Blas Gómez Gómez

Crédito documentario. Guía para el éxito en su gestión
Cristina Peña Andrés, Amelia de Andrés Leal

Guía práctica de las reglas Incoterms® 2010
David Soler

Certificación Lean Six Sigma Green Belt para la excelencia en los negocios
Lean Six Sigma Institute, SC

Certificación Lean Six Sigma Yellow Belt para la excelencia en los negocios
Lean Six Sigma Institute, SC

Negociación intercultural. Estrategias y técnicas de negociación internacional
Domingo Cabeza, Pelayo Corella, Carlos Jiménez

Las reglas Incoterms® 2010. Manual para usarlas con eficacia
Alfonso Cabrera Cánovas

Regímenes aduaneros económicos y procesos logísticos en el comercio internacional
Pedro Coll

Inglés náutico normalizado para las comunicaciones marítimas
José Manuel Díaz Pérez

Shipping & Commercial Case Law
Albert Badia

Gestión medioambiental en la industria
José M.ª Suris

Gestión financiera del comercio internacional
Josep M.ª Casadejús

Manual de gestión aduanera. Normativas del comercio internacional y modelos de integración económica
Pedro Coll

Los abordajes en la mar
Carlos F. Salinas

El desorden sanitario tiene cura. Desde la seguridad del paciente hasta la sostenibilidad del sistema sanitario con la gestión por procesos
Rajaram Govindarajan

Gestión y liderazgo en una empresa de seguros
Simón Mahfoud y Digna Peña

València, 558 – 08026 Barcelona – Tel. +34-931 429 486 – marge@margebooks.com – www.margebooks.com

www.ingramcontent.com/pod-product-compliance
Lightning Source LLC
Chambersburg PA
CBHW081255130726
47998CB00010B/2806